ENVÍAME

ENVÍAME

A encontrar y restaurar
las vidas de niños
perdidos y olvidados

Hudson Staffield

Dedicatoria

Para Ribana...
y para todos los demás a los que llegamos demasiado tarde.

Agradecimientos

Quisiera expresar mi más sincero agradecimiento a las siguientes personas y grupos, sin los cuales esta aventura y este libro no habrían sido posibles:

- A Greg Ogden, cuyas preguntas despertaron en mí los susurros del Espíritu que me decían que siguiera adelante.
- A Adi, sin cuya amistad no existiría la Casa Vida Nueva.
- A la Iglesia Bautista de la Santísima Trinidad, en Constanza, Rumania, cuyos miembros nos dieron cobijo, nos amaron y cuyo testimonio hizo crecer nuestra fe. También quiero expresar mi agradecimiento por el apoyo de nuestra iglesia en Saratoga. Sus miembros nunca han dejado de apoyarnos con sus oraciones, su apoyo ministerial y financiero.
- Al indomable personal de Chi Rho de la Casa Vida Nueva, mujeres y hombres que llegaron a amar, cuidar y servir a los más pequeños de los pequeños, porque aman a los niños.
- Y a mi esposa, Cynthia, que se quedó en casa y me dejó viajar, incluso cuando los desafíos en nuestra familia eran abrumadores; que luego vino conmigo para ser lo que siempre es, la delicia de todos los que la conocen: rumanos, miembros de la iglesia, personal de Chi Rho y, especialmente, los niños.

Y vino a mí la palabra del Señor:

> "Antes que Yo te formara en el seno materno, te conocí,
> Y antes que nacieras, te consagré;
> Te puse por profeta a las naciones".
> Entonces dije: "¡Ah, Señor Dios!
> No sé hablar,
> Porque soy joven".
> Pero el Señor me dijo:
> "No digas: 'Soy joven',
> Porque adondequiera que te envíe, irás,
> Y todo lo que te mande, dirás.
> "No tengas temor ante ellos,
> Porque contigo estoy para librarte", declara el Señor.

Entonces el Señor extendió Su mano y tocó mi boca. Y el Señor me dijo:

> "Yo he puesto Mis palabras en tu boca".

—Jeremías 1:4-9

Prológo

Como miembro secundario de la pandilla del barrio de Deveron Drive entre 1954 y 1964, conocía a un muchacho alto, delgado, atlético y simpático llamado Hudson Staffield. Desde mi punto de vista, era popular y extrovertido. Yo no. Introvertidos y extrovertidos, coexistimos desde la primaria hasta la preparatoria y ocasionalmente intercambiábamos comentarios o compartíamos algún chiste sobre algún profesor o alguna actividad escolar.

Él y yo, después de graduación de la preparatoria, salimos del hogar para ingresar a una universidad y se dedicó a profesiones diferentes. Me convertí en profesor y administrador de escuela pública. En el camino, adquirí habilidades bilingües y biculturales. Aprendí lo importantes que eran esas habilidades para tener éxito al tratar con personas cuyos valores y creencias eran diferentes a los míos.

Hudson, según los rumores que compartían los amigos del barrio, se graduó de su universidad y luego cumplió con honores el servicio militar. Se caso y tenía una familia linda. Él había tenido un gran éxito financiero en el sector inmobiliario. Yo no esperaba saber nada más de él. Pero nos reencontramos en nuestra 40.ª reunión de exalumnos de la preparatoria. Ni siquiera quería asistir. Resultó ser un acontecimiento fortuito para mí. Mi esposo y yo habíamos perdido a nuestra hija de 18 años por una enfermedad dos años antes. Todavía estábamos en proceso de duelo. A él le ayudaron las tradiciones y los fundamentos de su fe en el Dios Trino de todos los cristianos. Yo no tenía una comunidad religiosa con la que pudiera conectar. Creía, y sigo creyendo, en un poder espiritual, pero no como lo describen las instituciones religiosas convencionales. Asistí a la reunión y recibí el tremendo regalo de la inspiración y la esperanza de resolver mi duelo. Ahora, a través de su libro, tú también puedes aprender el poder de interactuar con tu guía espiritual. Ciertamente, no esperaba sentirme tan profundamente afectada por las historias que compartió sobre sus hazañas en Europa del Este. Pero así fue. Escuché la historia de Hudson sobre algunas de sus hazañas en la reunión, pero tuve que esperar a leer su libro para comprenderla por completo.

Después de experimentar una pérdida profunda, muchos necesitan encontrar un nuevo propósito en la vida. Algunas personas lo logran dedicándose a quienes están de duelo o participando en actividades que les brindan significado y alegría. Como revela en su historia, Hudson había experimentado un tipo de pérdida diferente, difícil de reconocer de niño, pero igual de profunda y profunda. La pérdida de Hudson fue la privación del amor y el afecto paternos, algo que debería ser normal para todos los niños. Creo que Hudson, tras experimentar su propia pérdida infantil, finalmente encontró un renovado sentido de propósito en la vida. Hudson logró esto interactuando con su voz espiritual que lo guiaba. Yo no experimentaría su viaje, pero aprendería de su experiencia que necesitaba prestar más atención a la voz espiritual que me guiaría a la paz mental sobre la muerte de mi hija y a la alegría de ayudar a los necesitados.

Los lectores de cierta edad recordarán los terribles titulares de 1989 que informaban que hasta 150.000 bebés y niños habían sido encontrados languideciendo en condiciones insalubres e inhumanas en orfanatos y hospitales pediátricos de Rumania, tras el derrocamiento del gobierno comunista de Nicolai Ceausescu. Muchos estaban muy enfermos, desnutridos, con infecciones graves, incluido el SIDA, y habían sido víctimas de abuso y abandono. Muchos sufrieron retraimiento emocional o retrasos cognitivos debido a la falta de atención, afecto y cariño. Estas historias e imágenes desgarradoras conmocionaron y horrorizaron al mundo entero. Luego, otras historias ocuparon su lugar en los noticieros nocturnos. Supuse, como muchos de nosotros que llevamos vidas ocupadas y cómodas, que alguien más intervendría y ayudaría.

Muchos lo intentaron, pero rescatar tantas vidas dañadas fue una tarea muy difícil. Veinte años después, descubrí que mi vecino de la infancia, el "buen" Hudson, inspirado por sus conversaciones con Dios, se había dedicado a salvar vidas y asegurar un futuro seguro para el mayor número posible de esos niños trágicamente abandonados.

El libro de Hudson relata su inspiradora trayectoria para superar los desafíos del idioma, la cultura y la política. Es una historia real de cómo la paciencia, la introspección, el amor, la perseverancia y la fe pueden vencer el mal. Es una lectura amena y un ejemplo conmovedor del poder del amor incondicional.

Me siento honrado de haber ayudado a traducir su libro. Creo en su mensaje. Sé que leerlo me ayudó a fortalecer mi determinación de confiar en la inspiración de mis comunicaciones con mi guía espiritual. Creo que la bondad innata de este espíritu existe en todas las culturas y se puede expresar en todos los idiomas. Espero que esta edición en español de la conmovedora historia de Hudson anime a más personas en más lugares a escuchar los mensajes de Dios o de su guía espiritual y a actuar con valentía, paciencia y amor.

Las lecciones de este libro trascienden las fronteras de las creencias e instituciones religiosas. Nos muestra los resultados de conectar con esa voz suave y apacible que es la esencia de la inspiración espiritual. Las palabras de 1 Corintios 13:4-8 deberían resonar en todos: «El amor es paciente, es bondadoso [...] Todo lo sufre, todo lo cree, todo lo espera, todo lo soporta. El amor nunca deja de ser».

Introducción

No los dejaré huérfanos; vendré a ustedes.

—Juan 14:18

Hay películas icónicas que todos recordamos. Se vuelven memorables por una imagen en particular o una línea de diálogo que toca alguna de nuestras emociones: escenas de comedia, tragedia, venganza, vindicación o amor correspondido, por ejemplo. A partir de entonces, esas películas se vuelven personales y nunca las olvidamos.

Tengo la costumbre de volver a ver ciertas películas una y otra vez. Una amiga me critica por este hábito, ya que piensa que pierdo el tiempo. No entiende que, para mí, volver a ver una película que me gusta puede evocar el mismo placer que volver a disfrutar un restaurante favorito, releer un libro preferido, volver a ver a las personas que más quiero o regresar a un lugar con el que tengo un vínculo especial.

Me gusta ver una y otra vez la maravillosa película *El imperio del sol*, de Steven Spielberg. Sin embargo, no me atrevo a verla entera de principio a fin. Me identifico muy de cerca con el protagonista y sus experiencias me hacen sentir tristeza y frustración. Después de ver las escenas iniciales, salto hasta el final. La última escena me conmueve y siempre me hace llorar. Es la historia de un niño, Jim, que vive la vida privilegiada de un expatriado británico en el Singapur colonial. El tema musical de la película es Suo Gan, una canción de cuna tradicional galesa comúnmente conocida como La oración de la madre. La escena de apertura es magnífica, en ella, un coro de niños interpreta esta música bajo los techos abovedados de una catedral barroca. El niño es el solista, pero la cotidianidad interviene cuando molesta al director del coro y a su niñera china porque no presta atención a la música.

Cuando Japón invade el territorio al comienzo de la Segunda Guerra Mundial, Jim es separado de sus padres y en el caos es hecho prisionero en un campo de confinamiento. Allí, junto con otros expatriados británicos, sufre privaciones, crueldad, hambre y soledad. Pero es un niño que sabe sobreponerse, y sobrevive a sus años de encarcelamiento, a pesar del hambre y el abandono, uniéndose a figuras paternas sustitutas y usando su ingenio. Sin embargo, al final de la guerra, ya no mira el mundo a través de los ojos de un niño.

Una vez que termina el conflicto, a Jim lo mandan a un centro de reubicación para niños abandonados o huérfanos. Aislado, finalmente pierde la esperanza de volver a la vida que idealiza, pero que apenas recuerda. Los vagos recuerdos de la ternura y la dulzura de una madre se han ido, al punto que sus sentimientos han desaparecido. Jim es una cáscara vacía, tan insensible a su entorno que este ha desaparecido en una niebla imaginaria. Sus ojos apenas parpadean.

Luego, en pantalla se ve a las monjas y a los voluntarios del centro de reubicación aplaudir, y como se les ha enseñado a hacer, los niños se forman en filas para que un nuevo grupo de padres los vea y busquen entre ellos a sus hijos perdidos. Todos, niños y padres, miran a su alrededor con esperanza, tratando de superar el temor de decepcionarse mientras buscan a los sobrevivientes de los últimos cuatro años.

Así se desarrolla la escena para la que Spielberg nos ha estado preparando desde el inicio. Algunos de los padres ven por fin a sus hijos y gritan sus nombres con gozo. Los niños salen del grupo a los brazos de sus padres, restaurados. Pero Jim no puede verlos porque no está poniendo atención. Mira fuera de su bruma con incredulidad, molesto por la algarabía que perturba su soledad.

La música de Suo Gan vuelve a sonar y vemos cómo los padres de Jim caminan lentamente entre los niños restantes. La madre de Jim se detiene y se lleva la mano a la boca, y al reconocer a su hijo, pronuncia su nombre en silencio. Jim todavía no ve a sus padres porque ha renunciado a encontrarlos. La madre y el padre de Jim se acercan a la pequeña figura estoica, y al principio están contentos y felices de haberlo encontrado. Pero luego sus expresiones se vuelven de tristeza y de culpa cuando Jim no los reconoce.

Entonces Jim escucha una voz que lo llama por su nombre, y la niebla que ha adormecido su dolor comienza a disiparse. Mira el rostro de su madre y, sin decir palabra, su expresión dice "¿Por qué? ¿Cómo pudiste perderme? Yo era un niño. He estado buscándote. ¿Me has estado buscando? ¿Eres la voz que he estado escuchando, la que siempre escuché incluso cuando mi corazón comenzó a latir?".

Su madre se para frente a él, y le dice su nombre, pero no escuchamos el sonido de su voz. El diálogo es silencioso porque esta es su reunión, solo podemos mirar. Jim mira a sus padres, con lentitud y vacilante, alcanza la mejilla de su madre y la toca.

Luego, retirándose a la seguridad de la niebla, retira su dedo. Enseguida le quita el sombrero y toca un mechón de su cabello... hace una pausa, y una vez más extiende la mano, esta vez para tocar su labio. La madre y el padre de Jim se quedan muy quietos mientras el niño emerge del dolor de su abandono para poder volver a verlos. Por fin, vemos como Jim se rinde. Coloca las manos sobre sus hombros y espera que ella responda, y la madre y el niño se abrazan lentamente.

La historia termina con Jim acurrucado contra la mejilla de su madre. Sus ojos se abren con incredulidad al sentir su suavidad, y luego se cierran en un reposo apacible. Jim vuelve al lugar al que pertenece. La imagen y la música de la canción de cuna se desvanecen con la escena.

El acto de la redención de Jim siempre me hace llorar. Pero mis lágrimas no son solo de alegría. También lloro de tristeza, porque mi historia no terminó como la de Jim, y no soy el único que siente eso. Ese puede ser el atractivo que *El imperio del sol* tiene para muchos.

En 1992, visité el anexo de un hospital rumano para niños. Era muy diferente del que encontraron los padres de Jim. Los niños que conocí eran seropositivos y muchos tenían necesidades especiales. Nadie vino a este lugar a buscar a estos niños porque eran huérfanos o fueron dejados al cuidado del Estado. En la historia que voy a compartir, el lector conocerá este lugar tal como fue designado oficialmente en el sistema de salud rumano, Post Cura #3, que significa Centro de cuidado posterior número 3. Con el tiempo, abreviamos el nombre rumano a PC#3.

Fui porque me inscribieron para visitar PC#3 como parte de un viaje de recaudación de fondos, de otra manera nunca habría ido. No tenía aspiraciones de visitar Rumania y, cuando le pregunté a Dios: "¿Por qué allí?", Él dijo: "Hay algo allí que quiero que veas". La organización que gestionó nuestro viaje esperaba que la experiencia de estar cerca del sufrimiento de los niños nos conmoviera y nos inspirara a apoyar como lo hacían nuestros anfitriones, y luego regresar a casa y hacer una gran contribución financiera. Pero, por lo que vi, el sufrimiento de los niños solo se aliviaba marginalmente. También estaba claro que continuaría e incluso se profundizaría cuando nuestros anfitriones dejaran PC#3 y pasaran a otros proyectos. La visión que tuve del futuro de los niños me rompió el corazón, como Dios había querido, era un capítulo de la historia que Él había escrito para mi vida hasta ese momento.

Los niños que conocí en 1992 nunca habían experimentado el amor maternal. El abrazo de un padre era algo que nunca habían tenido y que nunca conocerían y, a diferencia de Jim en el centro de reubicación, nadie vendría a buscarlos. Acabarían solos en PC#3 o en el hospital.

La ficción ocupa un lugar en mis opciones de entretenimiento, pero siempre puedo dejar un libro o dejar el cine y volver a mi vida. No era lo mismo con los niños de PC#3. Sus vidas y su escenario eran reales. A diferencia de lo que ocurre en un libro o en un guion de película, su sufrimiento era tangible e imposible de ignorar.

Una noche, durante una cena con viejos amigos, un colega creyente dijo que sería terrible conocer el amor perfecto que el Padre tiene por cada uno de nosotros. Algunos de mis compañeros también creyentes se sorprendieron al escuchar la sinceridad de mi amigo. Pensé que era valiente de su parte ser tan honesto. Mi amigo quiso decir con eso que sería tremendo, porque, como explicó, si tuviera que aceptar por completo el amor de Dios y su conciencia: "Tendría que cambiar la forma en que vivo mi vida. Mi autonomía se vería disminuida, ya que menos decisiones de la vida quedarían bajo mi autoridad y mi carrera sería dirigida por alguien más".

Cuando miramos hacia atrás en nuestra vida, vemos que el Autor de nuestras historias ha escrito cada capítulo de forma inalterable. Las alegrías y las tristezas se mezclan, cada vida es el resultado de las elecciones que hemos hecho en respuesta a nuestras circunstancias. Por consiguiente, dejando atrás nuestro pasado, si hoy podemos abrazar plenamente la majestuosidad del amor de Dios por cada uno de nosotros, como dijo Francis Schaeffer, ¿cómo debemos vivir entonces?

Tras mi primera visita a PC#3 en 1992, mis opciones eran claras: *vete a casa ahora y trata de olvidar lo que has visto. Espera Conmigo hasta que Mis planes para estos niños sean evidentes para ti. O, no me esperes y escribe tu propio final para la historia. Tú eliges. Sabes dónde estaré.*

La vida de Jim es una historia de amor de Hollywood, por lo que su historia termina como la escribió Spielberg. Para Jim y sus padres, escapar del dolor de la separación y la muerte termina como debería ser para el género cinematográfico. Sin embargo, para los niños que vivían en PC#3, lo que estaba por venir les robaba cualquier resto de inocencia. Yo pude verlo, ellos no, y me aparté ante sus lágrimas. Entonces, como el resto de sus visitantes, les di la espalda y me fui a casa, a otra vida.

Aquí, cuento las historias que sucedieron cuando me enviaron de vuelta a PC#3 y dejé atrás la vida que había creado. Hablo de descubrir la alegría de ayudar a algunos inocentes a salir de su escondite y conocer el amor de su Padre por primera vez. En esta narración, el lector conocerá otras historias de actos de misericordia impulsivos y deliberados. Hablo de aquellos, incluido yo mismo, que queríamos huir de la repugnante crueldad de PC#3, pero a quienes un llamado del corazón les impidió alejarse de la mano de un niño que se acercaba para que lo tocaran.

Ese primer día en PC#3, no era yo un padre ficticio que esperaba encontrar a mi hijo perdido. Me habían elegido como visitante en un guion en tiempo real, sin saber que el autor había estado escribiendo una historia que me devolvería a un lugar donde una vez fui un niño perdido.

HRS

CAPÍTULO 1

Regreso a la niebla

Y este es el juicio: que la luz vino al mundo, y los hombres amaron
más las tinieblas que la luz, pues sus acciones eran malas.
Porque todo el que hace lo malo odia la luz, y no viene a la Luz
para que sus acciones no sean expuestas.

—Juan 3:19-20

El 2 de septiembre de 1992 fue el primer día que visitamos PC#3, y todo comenzó como esperaba. Tenía esperanza, curiosidad y un poco de miedo, pero a pesar de que mis emociones estaban alteradas, el Espíritu me había asegurado que estaba yo listo.

Lo inesperado llegó cuando, en lugar de seguir a los demás hacia el interior del edificio para comenzar el recorrido, me detuve involuntariamente y me quedé inmóvil, mirando hacia el umbral de la puerta principal. Dentro del edificio, había huérfanos y niños abandonados que luchaban por su vida, tratando de comprender la crueldad de su abandono, y pensé que no querrían más visitas.

¡Sabía que llegaría a esto! ¿Esto es lo que querías que viera? ¡Yo sé lo que pasa allí! ¿Y quieres que me una a su caos y repita mi pasado a través de estos niños? ¿Qué pasará después de eso?

1

Mientras esperaba una respuesta, el cambio de hora, el calor y la humedad me oprimían. Sentía que asaltaban si cesar todos mis sentidos. Y el olor... Era el hedor a moho, aguas residuales y sudor. Eso no estaba bien... ¿Un olor así en un hospital pediátrico? El olor a desechos humanos, a demasiada gente sin bañarse y a ropa sucia acumulada en un lugar pequeño y sin ventilación salió por la puerta principal en una ola de voces de niños y gritos de cuidadores que intentaban controlarlos. Todo esto me esperaba al otro lado de entrada, así que me aparté de ella.

No había nada que me detuviera: ni cortinas, ni mosquiteros, ni puertas, solo el umbral de mi miedo. *Tengo miedo, Espíritu. Hay VIH, soledad, caos, confusión, abuso, lágrimas y gritos. ¿Hay algún propósito para estar aquí o no hay ninguna razón? ¿Qué deseas?*

A mi lado, de pie, estaba esperando, mi pastor y colega, Greg, y me trajo de vuelta.

"¿Qué pasa, Hud? ¿Por qué te detienes? Esto no es propio de ti".

"No quiero entrar ahí".

"¿Por qué?".

"Temo que, si entro, cambiará mi vida".

Pero Greg no pudo escuchar lo que yo escuché a continuación.

¿No es cierto que Yo te llamé aquí?

Sí.

¿Confías en Mí?

Sí, confío en Ti.

Da un paso. No tengas miedo. Hay algo que Yo quiero que veas.

Cuando entré por la puerta principal, todo a mi alrededor se volvió tranquilo y claro. El caos y el ruido continuaban en mi entorno, pero permanecí atento y protegido con la sangre de sacrificio pintada sobre el umbral de mi corazón, y el mal pasó de largo. Ya no era víctima de lo que había vivido en mi infancia. Estaba preparado, listo para entrar nuevamente en la caótica niebla del mal, pero esta vez como un agente de sal y luz, amor y misericordia.

Sin embargo, nada de lo que había escuchado sobre PC#3 me había preparado para el efecto que tuvo en mí. ¿A qué parte del mundo podrías ir para reacondicionarte contra los efectos de un lugar tan terrible? El olor del lugar, junto con la visión de los niños enfermos que se aferraban a mí como pulgas, pidiendo atención a gritos, y el inconfundible sabor del aire atrapado en un edificio cerrado, caliente y húmedo con demasiada gente sudorosa, era implacable. El ruido y la confusión me marearon y me provocaron náuseas, como si estuviera sufriendo hipoxia. Bostecé continuamente y durante varios días perdí el apetito.

Algunos de los niños corrieron y nos miraron con curiosidad. Me arrodillé para alcanzarlos. Quería conocer a cada uno de ellos. "¿Quién eres? ¿Cómo te llamas, de dónde eres? ¿Cuántos años tienes?".

Mientras los miraba a los ojos, algunos observaban desde la misma niebla vacía y distante que Jim en El imperio del sol. Otros querían tocar y ser tocados, salir de la niebla como lo había hecho Jim cuando su madre lo encontró. Algunos ojos parpadearon con expresiones de miedo o tristeza, otros con desconfianza y otros con una maldad que desafiaba mi presencia. Se podía oler el mal: era agudo, ácido y picante.

Pero otros ojos hablaron con palabras, y esto no puedo explicarlo. Escuché: "¿Eres tú el indicado? ¿Sabes lo que me hacen cuando no estás? Te hemos estado esperando… ¿Volverás a verme de nuevo? Los otros que vinieron aquí no regresaron. ¿Tienes un bocadillo para mí?". Yo había dicho esas mismas palabras a otras personas en mi pasado, pero ahora me las repetían estos niños en sus momentos de necesidad.

Comenzamos el recorrido bajo la dirección de nuestros

anfitriones y la directora de PC#3, junto con parte de su personal. Hicieron todo lo posible por explicar el programa de nuestra organización anfitriona para remediar los efectos del abandono infantil, pero su incomodidad era evidente. Sin duda, necesitaban el apoyo que se recaudaría con nuestra presencia, pero resultaba incómodo y lamentable explicarles a extraños cómo habían llegado a estas condiciones bajo su vigilancia y que estas habían permanecido en secreto durante años.

¿Qué debes saber sobre este edificio y la vida de los niños que vivían allí? Fue construido como una guardería para los hijos de madres trabajadoras. Eso fue antes de diciembre de 1989, cuando el dictador Nicolae Ceauşescu y su esposa, Elena, perdieron el poder absoluto, si eso puede decirse de las personas con poder terrenal. El edificio se había tomado y adaptado para ser un hospital pediátrico residencial anexo. Se llamaba Post Cura #3, una doctora había elegido el edificio del inventario estatal de edificios antiguos para alojar y realizar investigaciones sobre un grupo específico de niños que había seleccionado de entre los cientos de niños rumanos a los que se les diagnosticaba VIH cada día.

En 1990, un nuevo virus mortal estaba surgiendo y la comunidad internacional de investigación médica y las compañías farmacéuticas necesitaban urgentemente sujetos de prueba en un entorno controlado. Tras la expulsión de Ceauşescu, los niños abandonados de Rumania siguieron en sus orfanatos. Los pabellones de pediatría del Hospital de Enfermedades Infecciosas Constanza estaban más allá de su capacidad para acomodar los nuevos casos. El edificio no estaba preparado para atender a todos, así que pensaron que el centro PC#3 podría ayudar. Así, una guardería se convirtió en el hogar de cincuenta y seis niños huérfanos o abandonados, todos infectados con VIH.

Antes de la revolución, los médicos del hospital de

enfermedades infecciosas controlaban quién entraba y salía de PC#3. No había estadísticas claras sobre el número de niños no deseados en otros lugares porque había vergüenza. En una cultura que quería ciudadanos activos y productivos para el Estado, estos niños no eran personas, eran considerados errores que, con los presupuestos más bajos después de la revolución, ya no podían mantenerse. Consumieron recursos del Estado y no devolvieron lo que se invirtió en ellos, pero su anonimato desapareció cuando no pudieron ocultarse más de los visitantes occidentales curiosos.

Estos niños recibieron todo lo que el Estado consideró necesario para su desarrollo desde el interior del edificio. Nunca se fueron. En 1992, cuando el VIH apenas se empezaba a entender, las personas responsables del cuidado de los niños pensaron que aislar a los niños significaba contener el virus. Pero estos niños necesitaban cariño y atención, y el aislamiento no era la solución. Solo salían de PC#3 para ir al hospital de enfermedades infecciosas, para extraerles sangre o darles infusiones. Los medicamentos antirretrovirales aún no existían en Rumania. Puede que estuvieran en fase de diseño, pero se pensó que estos niños nunca vivirían lo suficiente para recibirlos. En un lugar donde la inversión en la vida de un niño solo era relevante si esa vida le generaba beneficios al Estado, la vida de estos niños, como grupo de interés, no tenía valor para nadie y no había una autoridad del gobierno central que los defendiera.

Eso comenzó a cambiar cuando las personas responsables de la salud de los niños empezaron a darse cuenta de que tenían información sobre niños seropositivos que podrían vender. Ahora, los niños ya no eran un bien pasivo, sino que eran valiosos.

Conocí a una joven rumana llamada Marinela que trabajaba

como educadora de necesidades especiales. Era inusualmente atractiva y entusiasta. Enseñó a los niños manualidades y proyectos de arte sencillos. Algunos de los niños con los que trabajó podían completar sus tareas; otros no. Ella nunca perdió la paciencia con ellos.

Unos años después, me contó sus sentimientos sobre los niños en una carta. Le pregunté si podía incluirla en mi historia y me dijo que sí. La guardé con el título Oración de Mari. Es raro que un rumano escriba una carta tan franca y transparente. Ella dijo en una página lo que yo he tratado de decir en cinco. Estas son sus palabras, sin editar:

Solo tenía 20 años cuando entré por primera vez en una institución para niños abandonados. Fue uno de los días más tristes de mi vida. Era 1992, los años turbulentos posteriores a la Revolución del 89. La principal preocupación era saborear la libertad reciente, y cada uno lo hizo a su manera. Algunos tenían su propio negocio vendiendo jeans comprados en Turquía, escuchaban su música favorita o encendían las luces después de permanecer años en la oscuridad. Algunos extrañan aquellos años en que el Estado les daba casas, extrañan las vitrinas vacías, porque ahora hay vitrinas llenas, pero no tienen dinero para comprar.

No soy uno de ellos. En la década de 1990, entendí la mentira en la que vivíamos. Comprendí que en realidad no somos el país de los pioneros maravillosos y las caras sonrientes. Comprendí que no teníamos por qué agradecer a los dirigentes del partido y del Estado. Entendí que teníamos mucho en que ponernos al día y eso probablemente nunca sucedería.

El olor era terrible. Podía percibirse desde la puerta principal, y en el primer momento quise dar la vuelta y salir. Luego vi las camas, muchas camas de hierro en hileras con el alambre oxidado que no estaba completo. Después había ojos que te miraban, muchos ojos: ojos grandes y marrones, ojos vacíos y tristes. Me pregunté qué estaba haciendo allí, pero ya era demasiado tarde para salir corriendo. Entonces sentí que alguien tiraba de mi ropa, y cuando me giré vi esas pequeñas y frágiles manos que estaban desesperadamente colgadas de mí, buscando calor y cariño, amor y consuelo. Me quedé allí junto a la cama sin saber qué hacer, pensando que tenía mucha suerte en mi vida, eran pensamientos egoístas que me hacían sentir bien en ese mundo hostil.

Eran niños inocentes, víctimas de un régimen que no los quería, víctimas de padres que los rechazaron, eran almas atormentadas.

Me fui y me prometí que no volvería. Han pasado 18 años desde entonces. Me fui, pero volví una y otra vez. Ahora los niños pequeños son adultos. Muchos volaron, algunos se quedaron con nosotros. Son adultos con alma de niños; parecen estar estancados en ese periodo en que nadie los quiere y cuando obstinadamente querían vivir. Se negaron a crecer y convertirse en adultos, son adultos con mente de niño, juegan todo el tiempo; no hablan, pero te escuchan. Tal vez no lo entiendan o no quieran dejárnoslo saber o tal vez quieran castigarnos porque no estuvimos cuando necesitaban que estuviéramos a su lado.

Cuando terminó la visita, nos hicimos muchas preguntas. Perdida en la agenda filantrópica estaba la única pregunta que nadie quería enfrentar. Queríamos ser corteses, así que evitamos indagar: "¿Qué pasará con los niños cuando acabe el programa y se acabe el dinero?".

Es terrible tener que decir algo ahora, pero los niños que eran la causa célebre en ese momento quedaban perdidos en los esfuerzos de ayuda. Eran los niños los que habían atraído a los visitantes a Rumania. La gente iba a verlos, incluida nuestra organización anfitriona.

Pero, inevitablemente, cuando finalizaba el contrato de colaboración de dos años de nuestro anfitrión con el hospital de PC#3, los niños seguirían allí con menos atención y menos esperanza que antes. La gente se preguntaría: "¿Qué pasó con esos niños?" y luego pasaría a su siguiente distracción. La agencia de ayuda se habría ido y con ella las donaciones.

Debe haber un corolario a la expresión "La verdad es más extraña que la ficción", porque hay esos momentos en la vida en los que la trágica realidad nos confronta de forma tan directa que desearíamos que fuera ficción. Pero también están esas ocasiones santas en las que el Espíritu nos confronta, y en un momento de claridad, cada evento en nuestra vida, tanto terrible como maravilloso, se une, y nos detenemos en seco para ver la verdad.

Viví un momento así en 1992. Me estaban dando un regalo en medio de la locura, justo más allá de la puerta principal de PC#3, y no me di cuenta hasta que crucé el umbral. Allí estaba Dios como un niño pequeño, en un pequeño y precioso rincón de Su propio corazón, mirándome y alcanzando mi dedo. Había estado en compañía de los más olvidados y pequeños. Quería que lo encontrara allí, sobre el umbral. Pero no fue sino hasta más tarde, cuando volví al lugar en una especie de fascinación morbosa, que me di cuenta de que estaba viendo el Creador mismo, vulnerable y sufriente, perseverante, esperando que alguien actuara. La primera vez que lo vi, me rompió por completo. Ahora, como Mari, no tenía más remedio que volver para reclamar el regalo que Él quería que viera.

Qué regalo más estupendo. No podría haber imaginado lo que estaba por venir.

CAPÍTULO 2

La invitación

Pero busquen primero Su reino y Su justicia,
y todas estas cosas les serán añadidas.

—Mateo 6:33

Después de la Segunda Guerra Mundial, hubo una época de tensión mundial conocida como la Guerra Fría. De 1948 a 1989, se sabía muy poco sobre la vida cotidiana en Rumania. Junto con otros países aliados con la Rusia soviética, fue aislado del mundo occidental por un muro: la Cortina de Hierro. Cualquier intento de salir del país era un delito. Durante esos años no se sabía cómo era la vida de los rumanos. A excepción de sus gimnastas, que emergían cada cuatro años para actuar con una perfección casi robótica, Rumania era otro enigma de la Guerra Fría escondido tras un muro.

La persona que pensó que necesitaba tal muro fue el primer ministro soviético, Joseph Stalin. Adivinó que era necesario establecer una barrera para aislar a la Unión Soviética de las miradas indiscretas de sus antiguos aliados, Estados Unidos, Gran Bretaña y Francia, tras la Segunda Guerra Mundial. En algunos lugares, dicha barrera fue conocida como la Cortina de

9

Hierro. Era una barrera real. El Muro de Berlín es uno de los ejemplos más conocidos.

Cuando terminó la Segunda Guerra Mundial, los aliados impusieron su soberanía sobre su antiguo adversario, Alemania, y dividieron la ciudad de Berlín en cuatro sectores. Para gobernarla, acordaron que la antigua capital alemana debería repartirse en consecuencia. El problema surgió cuando demasiados residentes de la República Democrática Alemana o de la zona ocupada por los soviéticos en Berlín se marchaban al otro lado de la ciudad en busca de asilo con los ocupantes occidentales para tener una vida más próspera: 3.6 millones de personas en total. Entonces, el primer ministro soviético que sucedió a Stalin, Nikita Jrushchov, erigió otro muro en agosto de 1961 para dificultar aún más la salida. Los soviéticos y los alemanes orientales se tomaban muy en serio el mantenimiento de la integridad del Muro de Berlín, tanto, que las personas que intentaban escapar por encima de él eran abatidas o arrestadas en el acto por la policía que custodiaba el edificio. Incluso acercarse demasiado a la pared solo para mirarla suponía un riesgo de muerte, y nadie puso en duda la intención de la policía de Alemania Oriental.

Todas estas medidas protectoras se extendieron a lo largo de todas las fronteras del bloque soviético y, de no haber caído finalmente la Cortina de Hierro y el Muro de Berlín, el legado de los niños no deseados de Rumania podría aún ser un secreto. Pero durante la temporada navideña de 1989, el dictador de Rumania fue derrocado y la Cortina de Hierro prácticamente se desintegró de la noche a la mañana. Le siguió el periodo de glasnost (apertura) y la perestroika (escuchar al pueblo) soviéticos, y esta actitud se extendió a la mayoría de los demás países de la antigua Unión Soviética, incluida Rumania.

En el continente europeo, la Guerra Fría no fue a tiros. Sin duda, se estaban perdiendo vidas, pero no había zonas de combate. Aun así, las batallas eran brutales: nos enterábamos de aviones espías derribados, gente arrestada en las calles para no ser vista nunca más y las agencias de inteligencia enemigas gastaban millones de dólares para interrumpir los planes de las agencias contrarias. Se escribieron novelas sobre la vida de los disidentes en los campos de prisioneros soviéticos. Nuestro interés por seguir estas historias reflejaba la curiosidad que sentíamos por nuestros supuestos adversarios. Pero el mensaje subyacente que surgió de las hostilidades fue que todo era inútil.

Cuando terminó la Guerra Fría y hubo apertura para explorar la cultura desconocida de nuestros nuevos vecinos europeos, los periodistas de investigación, curiosos por naturaleza, llegaron en masa en busca de nuevo material sobre el que informar. Siguiendo las pistas de los reacios informantes, comenzaron a desplegarse y a explorar todos los rincones culturales y geográficos de Rumania. Los videos de estos investigadores comenzaron a fluir hacia las agencias de noticias de todo el mundo y, cada noche, imágenes de los niños olvidados de Rumania aparecían en las pantallas de televisión. Lo que al principio se pensó que era un trágico descubrimiento aislado resultó no ser una anomalía. Los primeros informes fueron seguidos por una avalancha incomprensible de descubrimientos de niños mantenidos en condiciones indescriptibles. Miles de niños rumanos estaban siendo amontonados en cientos de instituciones en todo el país.

Para empeorar las cosas, se descubrió que el VIH estaba muy extendido entre la población infantil. Era trágico que los niños sufrieran, pero ¿VIH? Eso llamó la atención de la gente. El VIH había recibido más atención por parte de los medios de comunicación en las sociedades occidentales a finales de los ochenta y principios de los noventa, y era mortal. El misterio lo rodeaba porque se sabía muy poco sobre los orígenes del virus. La gente se preguntaba cómo se contagiaba, si podía contenerse o incluso tratarse. Las estadísticas generadas por el gobierno rumano y las agencias de socorro en el país eran imprecisas porque incluso los registros oficiales eran censurados. Se estimaba que más de 150 000 niños, la mayoría de ellos con demencia por haber sido mantenidos aislados y maltratados, estaban siendo institucionalizados, y muchos portaban el virus.

Al ver las historias aparentemente interminables de atrocidades, traté de comprender la magnitud y la escala absoluta de las injusticias que tantos niños sufrieron. Era ilógico e incomprensible. ¿Qué tipo de personas podían infligir tal crueldad a una escala tan grande y llamarla culturalmente normal? Si una definición de negación es la negativa a reconocer una verdad inaceptable, entonces nadie podría perpetrar tal mal y llamarlo de interés nacional a menos que sus almas se hubieran insensibilizado ante la injusticia. Tenía que haber una vergüenza nacional colectiva que se estuviera racionalizando para desestimar la práctica y apartar la mirada de ella.

Yo sufrí abuso de niño, pero nada comparable a lo que estos niños sufrían. Podría mirar a un niño en la pantalla y pensar: *"Yo sé cómo te sientes"*. Quieres saber: *"¿Cuándo terminará esto? ¿Qué hice yo?"*.

Pero me alejé de las imágenes y descarté mis sentimientos hacia ellas. ¿Qué podía hacer un hombre ante una tragedia así en el extranjero? Había dejado atrás mi vida de abuso y pensaba que los únicos efectos que me quedaban eran los recuerdos.

Entonces, para mi sorpresa, en 1991 me pidieron que fuera a Rumania para ver a algunos de los niños a los que había rechazado en televisión. Formaría parte de un grupo de recaudación de fondos que, finalmente, haría una donación a nuestra organización anfitriona después de visitar un orfanato que apoyaban. En una oración, pregunté cuál debía ser mi respuesta a la invitación. El mensaje que recibí fue: *"Aún no estás preparado para esto. Tienes más trabajo que hacer".* El tono de Su mensaje no era peyorativo ni sentencioso. El Espíritu de la Verdad y yo simplemente teníamos más trabajo que hacer antes de que sanara el dolor que había experimentado y causado durante mi etapa de pródigo. Ninguna persona cuerda abandona a su familia. Yo lo hice. Las decisiones que había aprendido a tomar de niño me ayudaron a sobrevivir en mis primeros años, pero ahora, como adulto, eran autodestructivas y perjudiciales, no solo para mí, sino también para mis seres queridos.

Hablé sobre la invitación con mi esposa, Cynthia, y accedió a abrir nuestra casa y organizar una reunión con las demás personas que habían recibido la misma invitación. Le dije: "No asistiré a esa reunión ni iré a Rumania. Mientras los invitados estén aquí, iré a la sala familiar a ver televisión". Tenía la intención de aislarme, ya que el Espíritu me había dicho que aún no estaba listo para ir.

Sin embargo, a principios de 1992, estaba terminando cinco años de intenso trabajo para lidiar con mi pasado, con el objetivo de comprender las razones de mi comportamiento autodestructivo y las consecuencias del abuso verbal y físico que había sufrido desde la primera infancia hasta la universidad. Antes de comenzar el proceso, cada vez que los éxitos estaban a mi alcance, volvía a creer que no me los merecía. Volvía a sumergirme en la niebla para escapar del dolor del fracaso antes siquiera de empezar a asumir el reto del éxito. Temía mucho más el éxito porque no respaldaba mi autoimagen.

Lo digo así porque es importante que sepas que, para la

mayoría de las personas no resilientes, la niebla es un anestésico. Es un lugar al cual escapar. Es una solución fácil ir allí para evitar la vergüenza de la falta de confianza en uno mismo. No es de extrañar que los niños que crecen aprendiendo a escapar y a hacerse invisibles en la niebla a menudo sigan encontrando consuelo en la adolescencia y la edad adulta en los efectos anestésicos más poderosos del alcohol, las drogas, el sexo, la comida, el suicidio o, peor aún, en todos ellos. Y para agravar la tragedia, a menudo acaban convirtiéndose ellos mismos en abusadores reincidentes, los pecados de sus padres vuelven a vivirse en generaciones sucesivas hasta que Cristo interviene en una vida por invitación y fe.

Para recuperarme de los efectos de mi vida de mentiras, fui guiado a aprender cómo elegir buscar la voz del Espíritu de la Verdad. Mi consejera me ayudó a aprender a usar Su luz para mirar dentro de mi corazón y encontrar dónde residían las mentiras y reemplazar sus efectos con Su amor. Tuve que perder mi otra vida para obtener la plena aceptación de la nueva (2 Corintios 5:17).

En una sesión final, mi guía de los últimos cinco años dijo: "Ya has terminado. No hay necesidad de continuar".

Le dije: "Siento que mi corazón ha estado expuesto a un espectro de radiación tan intenso que tengo una capacidad disminuida".

"No, Hud", dijo. "Sigues siendo la misma persona. Simplemente usas menos palabras".

Poco después llegó otra invitación para ir a Rumania, esta vez venía de mi pastor, Greg Ogden. Le habían pedido que llevara a otro grupo en un segundo viaje porque el primero no había cumplido con las expectativas financieras del anfitrión.

"Y tu nombre sigue apareciendo en mis oraciones sobre a

quién llevar. ¿Orarás al respecto?". Lo hice, y esta vez la respuesta fue diferente.

"¿Quieres que vaya a Rumania? ¿Por qué Rumania? ¿Pensé que querías que fuera al centro?

"Sí, pero después de lo que he hecho por ti últimamente, ¿cómo puedes decirme que no?".

"No puedo. Pero si voy, ¿qué quieres que haga?".

"No quiero que hagas nada. Solo quiero que vayas. Hay algo que quiero que veas".

Tengo un trozo del Muro de Berlín en la vitrina de mi despacho. Me lo trajo un amigo. Observó mientras los soldados asignados a vigilar el cruce fronterizo que separaba Berlín Oriental y Occidental, conocido como Checkpoint Charlie, se mantenían al margen y no hacían nada para detener su destrucción. No es nada especial, parece cualquier otra pieza ordinaria de hormigón mal mezclado. Pero, el saber que las personas pueden haber perdido la vida al intentar escalarlo y que otros lo construyeron para ocultar sus vergonzosos secretos, lo convierte en un objeto extraordinario, no muy diferente a un trozo de luna. Hay que considerar: si una roca lunar y un remanente del Muro de Berlín estuvieran uno al lado del otro en mi vitrina, y no te explicara lo que estabas mirando, no significarían nada. Pero conociendo los hechos que rodearon la disposición de ese trozo de hormigón, si ese trozo de muro todavía estuviera en su lugar, las historias de los niños que voy a contar nunca se habrían revelado.

"Todo tiene su tiempo [...] Tiempo de destruir y tiempo de edificar". (Eclesiastés 3:1, 3). La percepción de Salomón sobre el momento de nuestros esfuerzos humanos es existencial, y la naturaleza de nuestros esfuerzos se nos revela a cada uno de nosotros en Su tiempo. Dios tiene Sus propósitos para nosotros, y le corresponde a Él saber cuáles son y cuándo revelarlos.

Y así fue para mí cuando finalmente me quedé mirando un edificio anodino en Constanza, Rumania, sin saber lo que estaba a punto de encontrar. "Derrumbaste muros y derribaste gobiernos y dictadores; sanaste mi corazón y restauraste mi vida; ¿Me trajiste aquí para ver esto?".

"*Sí. Hay algo ahí dentro que quiero que veas*".

CAPÍTULO 3

¿Los elegiste o te eligieron ellos?

He visto todas las obras que se han hecho bajo el sol,
y he observado que todo es vanidad y correr tras el viento.

—Eclesiastés 1:14

Cuando despegamos en Rumania y el vuelo se dirigió hacia Suiza, los sentimientos que llevaba conmigo deberían haber sido grabados en los muros del aeropuerto de Bucarest. Lo que todo visitante debería haber leído antes de transitar por el aeropuerto y conocer a la gente del país en general era: *¡Ahora estás en Rumania y no eres bienvenido!*

Fue un gran alivio salir del calor en la parte superior de la escalera y subir al relajante jet de Swiss Air con aire acondicionado, asientos de cuero azul limpios y frescos, y recibir las sonrisas de los atentos asistentes de cabina. ¡Había escapado! Había dejado atrás a los soldados hoscos y sonrientes que vestían ropa de camuflaje y portaban armas AK-47. ¿Quién pensó que era hospitalidad tenerlos en un aeropuerto, un lugar destinado a dar la bienvenida a los invitados de su país?

Me había liberado de un aeropuerto sin agua corriente ni inodoros. Me había liberado de sentir el crujido de los cristales

17

rotos bajo mis pies, de mirar agujeros de bala, de pisar basura, colillas de cigarrillos y heces de perros callejeros en busca de comida. Me había liberado de tratar de hacer oídos sordos a los groseros funcionarios de aduanas que me gritaban que siguiera instrucciones que no podía entender y me exigían dinero a cambio de dejarme abandonar el país, mientras me conducían frente a sus escritorios. No quería volver a ver nunca ese lugar.

Todo mi grupo de turistas estaba demasiado cansado física y emocionalmente como para hablar mucho; la mayoría estábamos solos en nuestros pensamientos o durmiendo por agotamiento. Saqué mis notas de viaje y recordé el primer día que visitamos PC#3. Ese día nuestros anfitriones centraron nuestra atención en los niños y sus rutinas diarias y no en el edificio o las instalaciones destinadas a su cuidado. Querían demostrar sus programas para desarrollar las habilidades sociales y cognitivas de los niños. Pero el desarrollo humano también requiere ropa, higiene, comida y cuidados, y estos niños apenas recibían lo básico, y la calidad de esos elementos no era ni de lejos suficiente.

Por ejemplo, nos dijeron que bajo el cuidado del hospital había cincuenta y seis niños de entre dos y cinco años, todos seropositivos desde la infancia. Los niños dormían en pabellones abarrotados, con filas de cunas oxidadas colocadas de extremo a extremo en el primer y segundo piso. Los juguetes y otros objetos personales estaban en sus camas o debajo de estas, en el suelo.

La higiene era inadecuada debido a la falta de personal para bañar a cada niño a diario y mantener la lavandería, y tampoco había agua caliente. El área de lavandería consistía en tres o cuatro grandes tinas galvanizadas sobre un suelo de hormigón en una habitación con un grifo de manguera de agua fría montado en la pared. Los baños habían sido construidos para un número mucho menor de niños. Los pocos lavabos e inodoros que quedaban no funcionaban. El resto se lo habían llevado a casa algunos miembros del personal. Recuerdo que solo había dos bañeras de esmalte para cincuenta y seis niños. El personal tuvo que conformarse con bañeras de plástico.

¿Puedes imaginarlo? ¿Cincuenta y seis niños, la mayoría sin entrenamiento para usar el baño, sin agua caliente, lavadoras ni secadoras? Tenían solo un tendedero. Nieva en Constanza. Para retrasar la manifestación del virus, los pacientes con VIH necesitan higiene y una cantidad de alimentos superior a la habitual en una dieta equilibrada. Estos niños sobrevivían con una dieta que consistía principalmente de una papilla de papas en polvo y fórmula. Había algunos chícharos y zanahorias enlatados, envases de puré de manzana, jugo, golosinas, yogur y barritas de fruta que el hospital enviaba cuando podía. Nada era fresco.

El personal había dividido a los niños en dos grupos. A uno de ellos, alrededor de un tercio, se le llamaba niños de arriba. Eran los que vivían en el segundo piso. Estos niños tenían necesidades especiales profundas: desde esquizofrenia y autismo hasta los efectos del síndrome fetal de drogas y alcohol, junto con algunos impedimentos físicos no tan simples y problemas psicológicos y mentales causados por la negligencia y el abuso. El único niño que destacaba era Gheorge. Como la mayoría de los niños de arriba, Gheorge no podía caminar ni hablar. Se acostaba todo el día sobre una almohadilla de espuma y no se movía. El personal le envolvió los antebrazos y las manos con almohadillas de espuma, y aun así tenía la cara contusionada y magullada por los golpes que se daba. Se había enseñado a sí mismo esta técnica cuando era un bebé para autoestimularse y demostrarse a sí mismo que estaba vivo. Le ataban las manos, pero luego gemía de frustración hasta que las enfermeras no podían soportarlo más. Lo desataban y volvía a pegarse, pero lo hacía en silencio.

Para los niños, el concepto de padre solo podría haber sido instintivo. Cuando eran bebés, la mayoría nunca había sido sostenido, acariciado o interactuado con otro ser humano. Para los niños con un funcionamiento superior que me vieron por primera vez, yo era solo otro espectador, y uno de aspecto curioso. Algunos de los niños con necesidades especiales sufrieron daños físicos y emocionales. Su dolor era tan grande que no sabía si eran conscientes de mí. Observé a estos niños mientras se sentaban y se mecían sin cesar; algunos golpeaban la parte trasera de la cabeza contra la pared para estimularse, mientras otros se mordían los dedos, de modo que sus manos se deformaban y se volvían nudosas como las de los leprosos. La mayoría no hablaba, protegidos del dolor del descuido continuo por la frescura de la niebla.

Los otros dos tercios de los niños en la residencia parecían ser tan normales como cualquier otro. Se les conocía como los niños de abajo y, como con la mayoría de los grupos de personas, no había una norma común. Algunos eran tan hermosos y brillantes como cualquier niño debería serlo. Mioara era una de esas niñas de cinco o seis años, pero era una de las pocas excepciones. Otros no tuvieron la misma suerte y no mostraron la misma capacidad de recuperación que los supervivientes, aunque sus habilidades los distinguieran significativamente de los niños de arriba.

Los niños agresivos de alto funcionamiento intentarían recibir un regalo o un abrazo. Nuestros anfitriones nos recomendaron no reaccionar ante ellos, pero yo no sabía palabras en rumano. ¿Qué iba a hacer? ¿Darle la espalda y alejarme de un niño, solo para encontrar otro frente a mí? Solo por esa razón, podría racionalizar ignorarlos. No había forma de conectarse. Me iría muy pronto, y luego el siguiente grupo de curiosos vendría a mirarlos. Los niños no esperaban volver a verme y yo sabía que nunca volvería a verlos. Yo estaba en un viaje de recaudación de fondos. Ese esfuerzo tendría que ser suficiente.

Nuestra organización anfitriona pagó educación especial y terapeutas del habla para ayudar a los maestros regulares. Con el tiempo aprendí que las organizaciones benéficas pueden atraer donaciones para pagar programas educativos con un principio y un final cuantificables. Mirando hacia el futuro de estos niños, vi un conjunto de circunstancias sombrías e inciertas. Habían sido descuidados durante tanto tiempo que tenían puntos muertos en regiones de su cerebro. Pero si no vivían lo suficiente para remediar algunos de los efectos de la negligencia, ¿de qué servía un programa de educación especial de un año? Necesitaban mejor comida, sus propias camas limpias, ropa limpia, una casa cálida y el amor y la calidez de otro ser humano para infundirles una esperanza que nunca habían conocido, lo que podría sacarlos de su silencio. No necesitaban educación a corto plazo, necesitaban amor y cuidado a largo plazo.

Mientras veía a Rumania deslizarse bajo el ala, recordé mi momento de claridad en PC#3. Mi momento contrasta fuertemente con la visita ficticia de los padres de Jim. En *El imperio del sol,* vemos una línea de presentación organizada de niños alertas, disciplinados, limpios y bien vestidos que siguen instrucciones, con la esperanza de ser encontrados por sus padres. Eso no fue lo que presencié en PC#3. A diferencia del entorno de Jim, PC#3 no era un refugio temporal compasivo para los niños desplazados que estaban siendo atendidos y cuidados hasta que sus padres llegaran a buscarlos. PC#3 era una isla en un gulag de centros de detención estatales, y la estancia de los niños terminaría cuando murieran por complicaciones del VIH u otras enfermedades infantiles.

Tal vez algunos de los niños de mayor funcionamiento

eventualmente saldrían a probar la vida por su cuenta, pero lamentablemente no estarían equipados para enfrentarse a los depredadores que perseguían activamente a los niños no acompañados. Me preguntaba si alguien (nuestros anfitriones, los cuidadores de los niños o alguien en la administración del hospital) estaba considerando esa posibilidad, multiplicada por la cantidad de otros niños en lugares de todo el país donde se mantenía a niños seropositivos. Estos niños serían traficados en todo el mundo, y nadie sabría sus circunstancias reales.

Qué absurdo sin sentido. Los residentes de PC#3 nunca habían conocido otra vida que no fuera esta. Solos en su niebla, muchos de ellos no podían hablar lo suficiente para compartir lo que deseaban o transmitir su soledad. Incluso si pudieran, no había nadie allí para escucharlos. Ese fue mi momento de claridad. No tenían a nadie que hablara por ellos. Estos niños no tenían un defensor.

CAPÍTULO 4

Oiré su llanto

Al huérfano no afligirán. Si los afliges y ellos claman a Mí,
ciertamente Yo escucharé su clamor

—Éxodo 22:22-23

Nuestros anfitriones habían planeado la escala en Zúrich como un final reparador para una experiencia cargada de emociones, ¡sin duda emotiva! No podía encogerme de hombros ni descartar mi ira. ¿O había confundido la ira con la justa indignación? Estuve cerca de presenciar una tragedia que estaba a punto de ser olvidada cuando los inversionistas extranjeros se apresuraron a dar forma a la nueva realidad de Rumania. Los niños y el despiadado sistema que los abandonó desaparecerían junto con su miseria, y con ello los trágicos restos de la mirada cínica de un antiguo dictador ante el valor del alma humana.

No había paz para mí, así que caminé sin descanso, visitando de nuevo Zúrich, una ciudad que recordaba de cuando tenía veinte años. Entonces, mi hermano —que era menor de edad— y yo compramos cervezas y salchichas, y a nadie le importó. Nadie estaba allí para detenernos. Veinticinco años después, contemplé las calles y los bancos del parque donde nos sentamos a beber nuestras cervezas; entonces teníamos tanta libertad. La tienda de artículos deportivos donde compré un suéter y una mochila, los puestos de salchichas alemanas, el hotel donde nos alojamos... todo seguía allí, sin cambios. Pero yo había cambiado. Mientras trataba de alejar las imágenes de lo que había visto la semana anterior, resurgieron pensamientos sobre mi hermano y mi infancia. El hambre, el abuso físico y la desconfianza hacia alguien más grande que yo ya no eran recuerdos. Lo había visto todo de nuevo en los días pasados. Un colega que me acompañó esa noche dijo que nunca olvidaría la ferocidad de nuestro paseo por la ciudad. Más tarde me dijo que apenas podía seguir el ritmo que yo iba marcando. Aun así, no podía alejarme del sufrimiento que había visto y la terrible pregunta que no se borraba de sus rostros.

¿Qué pasaría si ese niño en PC#3 fuera mío? Conociendo sus anhelos, ¿podría darle la espalda a su miseria? *No es mi hijo, es de otra persona, no mío. ¿Y qué bien puede venir de mi cuidado si no puedo llegar allí? Si no estoy allí, me pregunto, ¿quién lo cuidará?*

Respuesta: nadie. Nadie lo cuidará a él, ni a la niña de la cuna de al lado. Nadie la cargará, despertará su curiosidad, la bañará, le comprará la ropa y los juguetes que le gustan, le leerá cuentos, le cambiará los pantalones, le cortará el cabello, le dará dulces o golosinas especiales de la cocina. Nadie la llevará en su corazón como lo haría cualquier padre normal.

Es fácil descartar preguntas como estas cuando se trata del hijo de otra persona. Luego, en un momento de terrible claridad, el Espíritu susurró: "Hud, ese es tu niño, y tú también estás ahí con los demás. Estoy ahí con ellos. Yo estoy en ti, tú estás en Mí. Tú ves y sientes lo que yo veo. Quiero que quieras que se conozcan sus heridas, sus dolores, sus experiencias y sus necesidades. Quiero que mis hijos regresen a Mí. Quiero que hables por ellos porque tú recuerdas...".

Nuestra madre había corrido las persianas venecianas para bajar la luz. No estaba oscuro afuera; era una tarde de verano. Cerrar las persianas hizo que la luz de la habitación se volviera amarilla. Mi hermano y yo teníamos entre nueve y siete años, en una casa calurosa y tranquila en una tarde de verano. Queríamos estar afuera, jugando con los otros niños del vecindario, pero antes de cerrar la puerta del dormitorio, ella levantó una moldura de corona de madera. La moldura siempre estuvo ahí. Era la intrusión permanente de nuestra madre en la habitación, colocada en el alféizar de una ventana, siempre ahí para que la viéramos. "Esto está aquí como un recordatorio. Si tengo que usarlo con ustedes, lo haré. Chicos, guarden silencio hasta que termine mi siesta, o de lo contrario, usaré esto". La moldura de corona se había roto sobre nosotros y había sido remplazada muchas veces.

Ella salió. Nos echamos una mirada porque teníamos hambre. No habíamos almorzado por alguna transgresión. ¿Podríamos colarnos en la cocina para robar un poco de pan y no ser escuchados? Salimos de nuestra habitación tan silenciosamente como pudimos, pero nuestros movimientos la despertaron. De súbito, se abrió la puerta del pasillo. Me agarró del brazo y me arrastró hasta el alféizar de la ventana. Su ira estaba fuera de control y su locura se desató. Los golpes y sus gritos me hacían preguntarme si saldría yo lastimado o muerto. ¿El vecino de enfrente escucharía mis gritos sobre los de ella y vendría a detener esto? El ruido y los golpes eran como estar bajo una gran ola. Mi cuerpo fue sacudido y lanzado, así que, para protegerme, me acurruqué en una bola lo más pequeña posible y esperé a que sus brazos se cansaran, a que sus demonios se desahogaran conmigo.

El ruido de sus gritos y mis gritos mientras sus puños aterrizaban en mi cabeza y mi cuerpo hacían mucho ruido. La violencia era confusa y aterradora. Para escapar, envié mi mente al interior de una matriz imaginaria. Era como entrar en la niebla, siempre hacía fresco, y allí me volvía invisible.

¿Dónde estaba mi hermano, hermana, padre o vecino? ¿Alguien que me rescatara, que la detuviera y luego me consolara? No lo sabía, y estaba más allá de que me importara. Esos pensamientos y la pregunta "¿Por qué?" vendrían después. Por ahora, estaba solo, tratando de sobrevivir y esperando que no me dañaran. Estaba tratando de encontrar amor en un mundo donde solo había confusión y odio. En ese mundo, era mejor estar solo en la niebla, donde tenía una falsa sensación de control.

Mientras caminaba en Zúrich, hice lo que suelo hacer cuando me encuentro con un fracaso personal: me enojé.

¿Cómo puedo alejarme de lo que me estás pidiendo? ¡No puedo hacerlo! ¿Cómo consigo que alguien dé un paso al frente y me ayude con estos niños? Están a seis mil millas de distancia. ¿Quieres que vuelva y exija a los rumanos que reviertan cincuenta años de indiferencia y mal juicio? Solo soy otro visitante engreído al que ignorarán y del que no se acordarán. No conozco a nadie lo suficientemente bien como para pedirle ayuda. No tengo amigos allí. No entiendo ni una palabra de lo que dicen. He dejado atrás mi vida para venir aquí. Si dejara lo que estoy haciendo en casa para volver, cuando consiga avanzar en el problema, los niños ya estarán en otro lugar o habrán muerto. ¿Cómo esperas que haga esto?

Antes de que Él respondiera, me refugié en la seguridad de la opinión consensuada para racionalizar mi comportamiento de evasión. ¿Qué haría la mayoría de la gente cuando se enfrentara a un dilema como este? ¿Estarías en desacuerdo conmigo si dijera lo siguiente?: "PC#3 es un problema insuperable, demasiado grande para que lo aborde una sola persona. Una agencia de ayuda multinacional con millones de dólares no puede solucionarlo. Su propio gobierno no es capaz de actuar con humanidad. No puedo obligar a un gobierno a arrepentirse. ¿Qué esperas que yo haga?'". ¿Quién podría discutir con ese tipo de respuesta?

Como dije antes, mi momento de claridad durante la visita contrastaba marcadamente con la escena de redención y alegría entre Jim y sus padres en la película. El mío sucedió en una playa cerca del mar Negro. Nuestros anfitriones sabían cuán pronto el impacto de lo que habíamos visto podía verse opacado por la anestesia de las comodidades y los hábitos familiares del hogar. Querían que el impacto emocional de la tragedia que habíamos presenciado permaneciera con nosotros y así garantizar nuestro compromiso de organizar una campaña de recaudación de fondos en casa. Ese fue el quid pro quo por guiarnos a salvo en lo que sin duda había sido una misión potencialmente peligrosa. Pero el primer paso para consolidar nuestro compromiso fue una experiencia manipulada de falsa armonía en la playa.

Nos preguntaron, "¿Se les rompió el corazón por la tragedia que presenciamos? Pero ¿hay esperanza de futuro para los niños gracias a las buenas obras que apoya nuestra organización?".

¿Estaba Dios mirándome desde la distancia en ese momento, impasible? No. ¿Me dio la espalda en Zúrich mientras yo me quejaba y Le daba la espalda? No, no lo hizo. Él siempre ha estado ahí, mi Padre, esperando el regreso de su hijo pródigo. Mientras luchaba yo por tener que aceptar un sufrimiento que no podía tocar, el Espíritu susurró, *Él sufrió mientras esperaba por ti, Hud. ¿Puedes esperar Conmigo ahora para que te dé indicaciones?*

Entonces, mientras trataba de responder, escuché: *Espera, no te Me adelantes. Tú no vas a hacer esto. Lo haré yo. Espera por mí. Buscaste el reino, y te he dado los deseos de tu corazón. Ahora te daré lo que necesitas hacer, lo que te he llamado a hacer. Escúchame y espera. Ya estás en casa.*

Mientras estaba de pie con nuestro grupo en la playa del mar Negro, me arrodillé, puse la frente en el suelo y lloré.

A menudo me preguntan: "¿Por qué fuiste allá? ¿No hay suficientes necesidades en los Estados Unidos? Rumania no es tu país".

Me gustaría responder con "Si ves necesidades aquí, ¿por qué no vas a aliviarlas?", pero no lo hago. Normalmente respondo con, "Sí, tienes razón, hay necesidades en casa. Pero me llamaron para ir allá".

Mi esposa, Cynthia, me dijo que cuando bajé del avión, "Te miré a la cara y pensé: 'Mi vida está a punto de cambiar'". Yo no vi nada diferente cuando me miré la cara en el espejo, pero ella tenía razón: nuestras vidas estaban a punto de cambiar. Lo que Dios me había revelado en esa primera visita había asentado algo en mi corazón. Había comenzado una cadena de eventos que cambiaría la vida de muchas personas, además de la mía y la de Cynthia. Nadie, ni siquiera yo, podría haber adivinado los papeles que se nos pediría que desempeñáramos para alcanzar los propósitos de Dios.

CAPÍTULO 5

Primero, comienza un relación

...estimularnos unos a otros al amor y a las buenas obras,
no dejando de congregarnos...

—Hebreos 10:24-25

Mi primer viaje a Rumania tenía tres razones fundamentales. La primera era ver el trabajo que nuestra organización anfitriona estaba realizando para aliviar el sufrimiento de los niños huérfanos y abandonados del centro PC#3. Después de nuestra visita, debíamos regresar a casa e, inspirados por su trabajo, recaudar fondos y hacer una donación en apoyo de la organización que nos había gestionado el viaje.

La segunda razón para ir era dar seguimiento a la idea de establecer una relación de trabajo con una iglesia rumana. Lo que eso significaba no había pasado por mi mente, pero, en general, la idea era animarnos unos a otros a salir de nuestras iglesias, encontrar a personas necesitadas y darles servicio.

La tercera razón era personal: quería conocer a los niños.

Nuestros anfitriones programaron una reunión con líderes comunitarios, del gobierno, del hospital, de la iglesia ortodoxa y de la iglesia bautista de la Santísima Trinidad. Pensaron que, si los estadounidenses animaban a las personas que habíamos conocido a preocuparse más por las necesidades de los huérfanos, podrían sentirse inspirados a hacerlo. Sus reacciones a nuestras súplicas fueron previsibles. Por ejemplo, el líder del sacerdocio ortodoxo era el metropolitano Daniel. Tras escuchar nuestras súplicas, se indignó y nos despidió. Su reacción era predecible: la de cualquier persona de alta jerarquía que es amonestada por una deficiencia, particularmente por parte de extranjeros. La jefa de enfermedades infecciosas pediátricas estaba dispuesta a ayudarnos a cambio de que le ayudáramos a compensar la pérdida de dinero que sufría debido a la reducción de los presupuestos gubernamentales. La filantropía y la promoción en Rumania se practican como transacciones de trueque.

En nuestro último evento conocimos a los líderes de la iglesia bautista en el sótano de su templo. La idea de asociarse con su iglesia fue de Greg Ogden. Su intención era animar a su iglesia y a la nuestra para que hicieran realidad el concepto bíblico del sacerdocio de todos los creyentes. La idea era que la influencia de la iglesia no proviene de los pastores, sino que surge desde dentro de la iglesia y no espera a que la dirección de la iglesia ordene a los trabajadores o su trabajo. Nos aconsejábamos unos a otros — "Hierro con hierro se aguza" (Proverbios 27:17)— para salir de los bancos de nuestros santuarios y servir a los necesitados de nuestras comunidades.

En retrospectiva, para Greg y para mí, invitarlos a participar en este concepto de relación a larga distancia, dedicada a alentarlos a practicar el alcance comunitario, era ingenuo. En su caso, el simple hecho de tratar de vivir sin los privilegios de la afiliación al partido ya los convertía en desfavorecidos.

Pero algunos de ellos llevaban años evangelizando fuera de los muros de su iglesia, bajo las narices de los comunistas. Si hubieran sido descubiertos, habrían perdido sus trabajos, sido encarcelados o algo peor. Algunos miembros de la iglesia eran informantes de la policía, chantajeados por la policía secreta para delatar a sus compañeros. Si se hubiera descubierto que la iglesia era un agente de cambio subversivo organizado, podría haber sido clausurada. Los riesgos de ser descubierto eran reales.

El sótano de la iglesia bautista de la Santísima Trinidad es su sala de reuniones. Allí los miembros ancianos y el personal celebran sus reuniones y los eventos sociales de la iglesia. La parte que vimos es muy pequeña. Esa noche había tres enfermeras expatriadas, tres personas de nuestra organización anfitriona, seis líderes de la iglesia y cinco miembros de nuestro grupo. En los veintiocho años que llevo visitando Constanza desde mi primer viaje, he recordado muchas veces esa reunión en el sótano de la iglesia. No sé cómo tanta gente pudo reunirse alrededor de una mesa lo suficientemente grande como para acomodarnos a todos y que aún quedara espacio en una habitación tan pequeña. Y no sé por qué los ancianos accedieron a reunirse con nosotros, excepto quizá por cortesía. Creo que pudo deberse a la influencia de nuestro anfitrión, pero también es posible que los bautistas sean un grupo confiado y no rehúyan una buena discusión. Sabían lo que vendría.

La principal razón de nuestra visita a Constanza era recaudar fondos para ellos y mostrar a las iglesias locales que los cristianos de fuera de Rumania estaban preocupados por los problemas de los huérfanos con VIH. También queríamos preguntarles qué iban a hacer los lugareños para atender las necesidades de sus niños huérfanos. No obstante, la segunda mitad de la agenda surgió de la necesidad de reemplazar los costosos contratos a corto plazo de los trabajadores expatriados. Con empleados locales que trabajarían por menos dinero que los extranjeros, la continuidad de los programas de nuestro anfitrión podría haber sido mayor a largo plazo. Sin embargo, no se consiguió el apoyo local de los miembros de la iglesia, ya fueran voluntarios o empleados. La indiferencia de los rumanos ante el problema de miles de niños huérfanos y abandonados era comprensible y, al mismo tiempo, incomprensible para nosotros, los occidentales.

El personal de la iglesia bautista ya había escuchado este mensaje antes, no había señales de que estuviéramos haciendo que cambiaran de opinión. Y así fue como, después de una larga y amable conversación, me encontré viendo a uno de nuestros anfitriones perder los estribos, golpear el escritorio con el puño y gritar: "Llevamos dos años en estos orfanatos y les hemos estado pidiendo ayuda y no han venido. Ahora, ¿dónde están y cuándo van a venir?". Hubo una pausa en la conversación.

Luego habló el pastor de la iglesia. "Sabes, tienes razón; deberíamos ir. Pero si no vas tú a tus propias comunidades en tu propio país, ¿quién eres para venir aquí y decirnos que vayamos?".

Incluso antes de que comenzara la reunión, sentí un temblor en mi interior, como una sacudida, como si estuviera temblando de frío. Tenía miedo de que pudiera ser visible, y recuerdo haber pensado: "¡Alguien me va a ver!". Traté de contenerlo. Mientras escuchaba la evolución de la conversación, el temblor se intensificó. Tras la intervención del pastor, la habitación quedó en silencio, en espera. Vi cómo la relación con la iglesia caía en espiral por el desagüe. Literalmente, vi un remolino de agua cayendo por el desagüe. Pensé: *corres el riesgo de ser un tonto frente a esta gente, pero es mejor que hables ahora o este momento se perderá.*

Hablé. Les hice una oferta de mi propio ser.

"Llevo diez años en el liderazgo de mi iglesia. He sido anciano dos veces, he dirigido la hermandad de hombres y la junta directiva, y mi esposa y yo hemos dado clases en la escuela dominical. En los puestos de responsabilidad de nuestra iglesia, me he dado cuenta de que es más fácil conseguir que los hombres me den un cheque que su tiempo. Prefieren dar su dinero porque su tiempo es más valioso para ellos. Así que parece que tenemos un dilema común. Tú no vas porque en el pasado, cuando sacabas la nariz fuera de las cuatro paredes de tu iglesia, la policía te cerraba el paso. Y nosotros no vamos porque preferimos dar dinero que nuestro tiempo. Estoy de acuerdo en hacer esto. Iré al barrio pobre de mi comunidad, en mi ciudad, y trabajaré con personas desfavorecidas y sin hogar si tú vas a los orfanatos de aquí. Y aceptaré volver aquí el año que viene para confesarme y rendir cuentas ante ustedes sobre mi trabajo, si ustedes hacen lo mismo conmigo".

Esas fueron mis palabras, textualmente.

Fue entonces cuando un hombre sentado a dos lugares de mí, que hasta ese momento había estado hablando rumano, se inclinó sobre la mesa, se volvió, me miró directamente y dijo en un inglés perfecto: "Estoy de acuerdo contigo. Esa es la base sobre la cual puedo establecer una relación".

Mientras me incliné para mirarlo, pensé: *¡Qué listo eres! Todo este tiempo has estado hablando en rumano, a través de un intérprete, ¿y ahora hablas en inglés?* No puedo olvidar sus ojos azules mirando mi expresión, leyendo mis pensamientos perfectamente y guiñándome un ojo.

Había unas cuantas personas en la sala del sótano esa noche cuyas vidas cambiaron a partir de ese momento, al igual que las vidas de muchas otras personas que no estaban allí.

CAPÍTULO 6

Los que te devuelven la paz te ayudarán

Cualquiera que no los reciba ni oiga sus palabras, al salir de esa casa
o de esa ciudad, sacudan el polvo de sus pies.

—Mateo 10:14

Como la mayoría de las parejas casadas con familias jóvenes, Cynthia y yo rara vez teníamos tiempo para estar juntos por las mañanas a principios de los años noventa. Mientras los niños todavía estaban en casa, no había tiempo para sentarse y hablar. Pero después de ese primer viaje a Rumania, ella vio algo en mi semblante que no reconoció, y durante la semana siguiente, después de que los niños se fueran a la escuela y la casa estuviera en silencio, me regaló su oído atento y su paciencia Nos sentábamos juntos mientras le contaba las historias de lo que había visto. Leí mis notas de viaje, tomando la narración de un día a la vez, porque las experiencias de viaje de un día fueron todo lo que pude manejar mientras mantenía la calma y la concentración.

Describí lo que había visto de los restos de la era Ceauşescu y el impacto que su antropología había tenido en mí. Pero Rumania contrastaba tanto con nuestras propias vidas que no fue hasta que ella vino conmigo que las impresiones que había recogido de mí

35

se hicieron suyas. Hasta entonces, mis palabras eran meros adjetivos y mi nuevo semblante inescrutable.

Con mi primer viaje a PC#3, retrocedí a la niebla. Conmigo vino una paz, y con la claridad que la acompañaba pude ver y experimentar una tristeza terrible. Ahora en casa, mi imaginación daba vueltas y no me dejaba descansar. Por buscar cualquier excusa para volver allí, me vi obligado a penetrar bajo la superficie de la fachada que se me había permitido ver y formar parte de la tristeza. Hasta ese viaje, otras actividades habían llamado mi atención. Ahora no importaban. Tenía que volver allí y encontrar la manera de abrirme camino. Encontraría la manera de volver a Constanza, y una vez allí, buscaría la manera de entrar en PC#3.

Entonces, ¿qué fue lo que resolvió mi confusión? Quería volver a mirar a los ojos de los niños, traer Su paz conmigo y, esta vez, atraerlos hacia mí. Quería decirle a cada uno cuánto los amaba y alejar su dolor.

Mientras estábamos en el país, nuestros anfitriones nos habían dicho que su mayor problema era conseguir que la gente ayudara a aliviar las necesidades de los niños que aún estaban en instituciones. Se trataba de convencer a la gente para que viniera a ayudar a nuestro anfitrión con el trabajo. "Tenemos dinero, pero no los recursos humanos capacitados o no. Necesitamos personas dispuestas a servir". Motivado por lo que había visto y oído, concerté una entrevista con la oficina de desarrollo de nuestra organización anfitriona para ver si me apoyarían en un proyecto rumano. Les pregunté si me permitirían encargarme del programa en PC#3. Regresaría a Rumania, comenzaría un nuevo proyecto y lo administraría si me ayudaban con apoyo financiero y orientación.

Vi a dos personas ese día. El primer hombre me decepcionó lentamente al decir que lo contrataron como consultor y que lo mejor para él era recaudar fondos para el trabajo de la organización en el antiguo bloque soviético y en los países en desarrollo. "Como consultor, nunca veo el trabajo terminado. Solo busco el dinero. Me gustaría ir yo mismo, porque en mi puesto aquí nunca veo el resultado. Es frustrante", dijo. En mi segunda entrevista, la joven dijo: "Ha tenido una experiencia emocional. He oído que tiene una casa grande. ¿Por qué no nos ayuda organizando cócteles y recepciones para recaudar fondos entre nuevos donantes?".

En el vuelo de regreso al área de la Bahía, tuve tiempo de reflexionar sobre lo que había aprendido. El dinero donado apoya a sus amigos, pero el trabajo de ayuda real debe sabiamente cerrarse a las personas con buenas intenciones, pero sin credenciales. Mis entrevistadores tenían razón. No era empleado de una organización apegada a ellos, ni tenía experiencia trabajando en proyectos de ayuda en el extranjero o con niños con necesidades especiales con VIH.

Sin embargo, ¿no era voluntad lo que decían que más necesitaban? ¿No habían dicho que su mayor necesidad en Rumania era gente dispuesta a ayudar? En lugar de eso, ¿se suponía que debía dar cócteles para Jesús? Ese comentario encendió un fuego. Ella tenía razón. Había tenido una experiencia emocional. Después de vivirla, quería el rol de director, no el de un componente en un organigrama. Si me quedaba en los Estados Unidos, el contacto con PC#3 y la relación esperada con la iglesia serían olvidados como otra conversación bien intencionada con un visitante curioso.

Acepté el desafío. Si esa vía no estaba abierta, intentaría construir una relación con la iglesia bautista. Eso también podría tomar tiempo, pero al menos estaría en el país apremiándolos, y al estar allí, podría encontrar una manera de poner mi pie en la puerta principal de PC#3. Sin entender a dónde me llevaría eso, me propuse convertirme en parte de la vida de esos niños. Después de estar en casa varias semanas, nada avanzaba. Hablé con Greg, mi compañero de viaje y pastor. Le dije que, si quería que la idea de tener una relación con la iglesia bautista fuera seria, algunos de sus miembros tendrían que venir a California y pasar tiempo con nosotros. Habíamos ido allí, tal vez vendrían a vernos si los invitábamos.

Greg me preguntó qué tenía en mente. Propuse invitar al pastor rumano para que viniera y hablara en nuestra iglesia, y que trajera a algunos de los ancianos que conocimos aquella noche. Si queríamos construir una relación, necesitábamos al pastor y a los laicos, especialmente al hombre de los ojos azules.

Cincuenta años de ideología estalinista permanecieron incrustados en el ADN de Rumania, y los bautistas tenían mucho que decir sobre su efecto en el alma humana. Habían vivido bajo persecución a causa de sus creencias. Quería escuchar más historias acerca de practicar su fe en la Rumania de Ceaușescu.

Ceaușescu había plagiado la teología pragmática de Stalin para Rumania, y la inconformidad podría llevar a la gente a prisión. Un ciudadano no tenía opciones personales en la vida excepto un cónyuge. El individuo era un bien del Estado. Para que el Estado tuviera éxito en la visión del gran líder, cada persona tenía un papel asignado por el Estado. Ceaușescu proporcionó todo lo necesario para sobrevivir y desempeñar cada rol como ciudadano, incluida la formación y la educación, la carrera que seguía, las instalaciones recreativas, los bienes y servicios, etcétera. Todo provino del Estado y de la generosidad del líder mismo. Compartió su tesoro con individuos, pero cada uno según su propia necesidad.

Naturalmente, se deducía que, dado que todo lo bueno

procedía de Ceauşescu, ¿quién iba a necesitar a un Dios? Si creyeras en un Dios trino como Dador de vida, y que cada vida tuviera un alma, y que cada alma tuviera un destino eterno cuando terminara el sufrimiento sin sentido que imponía un tonto déspota, tú y los demás como tú eran una amenaza para el control del déspota.

Las personas que conocí en la iglesia rumana tenían fe en un Dios trino. Creía que sus historias atraerían a los miembros de nuestra iglesia. En 1993, mi generación de baby boomers había crecido durante la Guerra Fría. Si nuestros hermanos rumanos aceptaran una invitación para compartir sus vidas en una serie de reuniones en casa, pensé que otros querrían asistir a esas reuniones para escuchar sus historias.

Sin embargo, no hay que equivocarse: habiendo estado en el mundo, pero no siendo parte de él, estos hombres se habían ganado y merecido su dignidad. Sospeché que, dado su discernimiento, nuestra invitación no podía parecer una especie de espectáculo ecuménico promovido por buscadores de curiosidades. Se quedarían en nuestras casas mientras estuvieran con nosotros, y cuando no hablaran por la noche, durante el día nos divertiríamos paseando con ellos para mostrarles cómo era nuestro lado del muro.

Por supuesto que sentirían curiosidad por nosotros. Podrían insistir en saber quiénes somos, en qué creemos, como vivimos nuestra fe. Dada su experiencia de vida, era de esperar que hicieran preguntas como estas. Solo el pastor había salido de Rumania para visitar Europa. Ninguna de las personas que esperaba que vinieran, incluido el pastor, había visitado Estados Unidos. Lo que sabían de nosotros les llegaba a través de Radio Free Europe o la BBC, o a través de emisiones ilegales que el gobierno rumano intentaba bloquear.

Antes y después de la revolución de diciembre de 1989, la gente de Occidente no tomaba cruceros por el río Danubio o el mar Negro para explorar la "exótica y misteriosa" Constanza. No había industria turística en Europa del Este antes de que cayera la Cortina de Hierro. Los hoteles estaban a cargo de la policía secreta para albergar y seguir la pista de diplomáticos extranjeros y misiones comerciales o para recibir a equipos deportivos. Quedarse en casa de un amigo cuando viajabas era algo a lo que los rumanos estaban acostumbrados. Cynthia y yo pensamos que, si nos ofrecíamos como amigos y hermanos en la fe, podrían venir. Tomaríamos café en la mañana, saldríamos de paseo, iríamos a la ciudad, visitaríamos Monterey, cenaríamos juntos y tendríamos charlas en una serie de reuniones en casa donde contarían sus historias. Podría ser el comienzo de algo más.

En 1993, tener una relación con una iglesia en Rumania era una idea idealista. ¿Qué podía salir de esto? Mi conclusión fue que estos hombres habían sido puestos a mi disposición y mi llamado era ofrecerles nuestra paz y ver si esa paz era devuelta. Si decidían no aceptar nuestra oferta de hermandad, que así fuera. Pero si no preguntaba, se perdería la oportunidad de volver a PC#3.

CAPÍTULO 7

Cortejo con extraños

La gracia, la misericordia, y la paz estarán con nosotros, de Dios el Padre y de Jesucristo, Hijo del Padre, en verdad y amor.

—2 Juan 1:3

Hoy en día, si las parejas así lo deciden, la tecnología ha hecho posible conocer a alguien sin tener que salir de casa. Nos reunimos en salas de chat, salas virtuales que aparecen en la pantalla de la computadora o del teléfono inteligente, lo que para algunos elimina la incómoda sensación de estar físicamente presente con alguien desconocido. Las parejas de hoy en día no coquetean de manera informal como lo hacíamos nosotros. Hoy en día, es común hacer clic en el otro para iniciar una relación. Las 24 horas del día, los 7 días de la semana, los 365 días del año, en cualquier momento del día o de la noche, y en tiempo real, se puede conocer a alguien o enviar un mensaje a un amigo, un conocido comercial o un familiar en cualquier lugar del mundo. Pero eso no estaba disponible en 1993. Para comunicarme con el pastor y no salir de los Estados Unidos, tenía que hacer una llamada telefónica.

En 1993, el 99 por ciento de la población mundial se

comunicaba a través de redes de telecomunicaciones bidireccionales. Solo el 1 por ciento de la información intercambiada entre personas fluía a través de Internet. Para el año 2000, las comunicaciones por Internet ya representaban el 51 por ciento; para 2007, esta cifra había aumentado hasta el 97 por ciento. Pero estos números no se aplicaron a Rumania de 1992 a 2007. Si hubiera querido utilizar Internet para iniciar una conversación, habría tenido que esperar seis años más. El cable de fibra óptica no estuvo disponible en Rumania hasta 1998, y solo para aquellos que tenían acceso a amigos especiales. Hasta el año 2000, las computadoras eran un sueño costoso y superfluo para los rumanos.

Simplemente hay que hacer una llamada telefónica a Rumania e invitarles a venir. Parecía bastante simple, pero no lo era en 1993. Podría tomar horas, ya que el sistema telefónico rumano no se había actualizado para administrar el volumen de llamadas provenientes del interior del país y desde el extranjero.

En el país, las llamadas telefónicas de todos los ciudadanos pasaban por las centrales telefónicas de la oficina de correos, donde el gobierno las censuraba al azar. Ceaușescu simplemente no había previsto la necesidad de invertir en una infraestructura de comunicaciones capaz de hacer frente a las llamadas procedentes del exterior. Cualquier forma de interacción con personas de otros países era ilegal y se castigaba con prisión. Después de todo, para la forma de pensar de Ceaușescu, si las comunicaciones telefónicas con personas de otros países se convirtieran en la norma, significaría que él ya no estaría en el poder, lo que le era inconcebible.

Una invitación por escrito tampoco era una posibilidad. Antes de irme a casa, les pedí a mis nuevos amigos rumanos sus direcciones postales, pero me aconsejaron que no me molestara.

Ceauşescu podría haberse ido, pero algunas cosas aún no habían cambiado. Dijeron que una carta de Occidente podría incitar a las autoridades a vigilarlos. Las cartas con matasellos occidentales se abrían rutinariamente para ser censuradas, las cartas en sí se descartaban y sustraían cualquier contenido de valor. Los trabajadores de correos solían ser miembros del partido y seguían vigentes las antiguas normas de admisión de documentos en el país. Los servicios postales adicionales como FedEx, DHL o UPS aún estaban muy lejos en el futuro de Rumania.

Por tanto, para comunicarse con el pastor, la vía adecuada era una llamada telefónica. Rumania está diez horas por delante de nosotros. Programé la llamada para comunicarme con él en su casa y seguí llamando. Tras varios intentos, me sorprendió cuando respondió. Es solo una especulación, pero es posible que mi llamada se realizara debido a su condición de "persona a la que hay que vigilar". Había estado activo en la Unión Bautista, que había protestado por las restricciones del gobierno a su fe, utilizando métodos que no eran pasivo-agresivos. Una vez me contó que, sin saberlo, había hecho proselitismo con el jefe de la policía secreta de Constanza en la playa. Dijo que el hombre escuchó en silencio y expresó interés en saber más, pero luego se vio obligado a revelar su identidad porque estaba siendo observado por sus compañeros. "Siempre me vigilan", dijo el hombre. "Ahora nos vigilan a nosotros. Así que voy a tener que armar un escándalo y echarte de la playa. Pero es tanto por mi seguridad como por la tuya".

Sin embargo, a medida que las inversiones extranjeras comenzaron a crecer, los occidentales que acababan de llegar al país expresaron su resentimiento porque sus llamadas fueran monitoreadas (al gobierno no le importaba). Descubrí que muchas de mis llamadas de los primeros años también fueron grabadas. Durante más de una llamada, el teléfono se apagaba inesperadamente y se cortaba. La primera vez que sucedió, cuando nos volvimos a conectar, le pregunté a mi amigo y compañero de ministerio Adrián (también llamado Adi) qué había pasado. "Cinta corta", fue su escueto comentario.

Cuando el pastor y yo nos conectamos, le expresé mi invitación y le pedí que trajera a otras dos personas de su elección. Al tener en cuenta lo que recordaba de la reunión del sótano, sabía quién esperaba que viniera. Como el líder con conocimientos de inglés, el pastor era la primera opción más obvia. Recuerdo a otro hombre de esa reunión. Era una persona tranquila y serena, con el pelo prematuramente blanco. Era pensativo y, cuando habló, fue para dirigir algunas preguntas a su propia gente. Me miró impasible, su mirada insinuaba curiosidad, y no recuerdo que nos dirigiera la palabra. Yo quería que lo hiciera. Pero el que más esperaba que viniera era el hombre del guiño. Más tarde supe que se llamaba Adi, pero entonces no sabía ni los nombres ni los rangos en la iglesia.

El pastor dijo que hablaría con su gente. Cuando los ancianos celebraron su reunión semanal, uno de los temas que deliberaron fue si debían aceptar la invitación para ir a Saratoga, California. Para muchas personas en el mundo, California era un lugar mágico: la cuna de los Beach Boys, Hollywood, Silicon Valley, San Francisco, el puente Golden Gate, Disneylandia, el océano Pacífico, naranjos, desiertos y montañas nevadas.

Los ancianos debatieron la posibilidad de enviar a tres hombres de Rumania a California para visitar a personas a las que apenas conocían. Era una apuesta costosa y discrecional con un resultado incierto. Pero aquellos a quienes el Espíritu atrae y llama tendrán éxito en su trabajo, incluso si al principio no pueden comprender el porqué. La mano de Dios es probablemente la mejor respuesta. Para aquellos de nosotros a quienes une una cuerda de tres dobleces (Eclesiastés 4:12), nuestro Padre tenía algo en mente.

El pastor ha sido descrito por su gente como un grillo. Era pequeño, extrovertido, muy inteligente y le interesaba casi todo y todos los que conocía. Es un maestro y pastor talentoso, con gran capacidad de conexión con la audiencia. Le intrigaba la oportunidad de venir a Occidente para ver a las personas que le habían estado transmitiendo mensajes de radio prohibidos a través de la Cortina de Hierro. El pastor sentía curiosidad y pensó que debían ir. El personal de la iglesia estuvo de acuerdo con él y bendijo su deseo de viajar a California.

CAPÍTULO 8

La visita a América

...Ni vayas a la casa de tu hermano el día de tu infortunio.
Mejor es un vecino cerca que un hermano lejos.

—Proverbios 27:10

Adi era una personalidad formidable. Ya estuviera sereno y amoroso, enojado e irascible, contemplativo o hablando para enseñar o corregir, estaba convencido y expresaba sus ideas con claridad. Quienes lo conocieron coinciden en que nunca fue recordado por haber desaparecido en una multitud. Incluso cuando estaba sentado en silencio, observando o alabando, sabías que estaba allí porque la gente esperaba que hablara en defensa o en contra de cualquier cosa que se discutiera o predicara. Y, sin embargo, a pesar de sus enérgicas objeciones a visitarnos en California, el pastor principal sintió que Adi debía formar parte de una delegación de su iglesia. En 1993, Adi y otros dos fueron elegidos por los ancianos de la Iglesia Bautista de la Santísima Trinidad para ir a California y compartir con la gente de la Iglesia Federada de Saratoga la experiencia de vivir su fe en Rumania bajo la opresión de Nicolae Ceauşescu.

El servicio de inmigración de Estados Unidos requería que los visitantes pasaran por un proceso de solicitud de visado en persona en la embajada de Estados Unidos en Bucarest. Este proceso era degradante y me sentía avergonzado y humillado por él. Algunos de mis amigos rumanos preferirían solicitar una visa a través del programa de lotería y correr el riesgo de esperar a que les tocara, si es que alguna vez les tocaba, que someterse al abuso que se sufría en nuestra embajada. El personal de la embajada de Estados Unidos desdeñó el proceso de selección hasta el punto de emplear a rumanos para seleccionar a los solicitantes.

Sin embargo, nuestros invitados estaban acostumbrados a este tipo de abusos por parte de otros rumanos; habían vivido con el comportamiento de funcionarios prepotentes a los que les gustaba sacar tajada y eran expertos en el juego de suma y resta. Ese día en la embajada, se pusieron una coraza y recibieron permiso para venir a California.

Como todas las carreteras nacionales de Rumania después de la revolución, la carretera que conectaba Constanza con Bucarest tenía solo dos carriles. Para conducir por Rumania, su pastor dijo una vez: "Necesitas cuatro cosas: buenos autos, buenas carreteras, buenos conductores y la gracia de Dios. Pero solo tenemos uno de ellos: la gracia de Dios". El día que Adi los llevó a Bucarest para obtener sus visados, uno de los hombres tuvo que bajarse del automóvil y caminar parte del camino para evitar que Adi se saliera de la carretera. La niebla que cubría el puente del Danubio era tan espesa que el camino era invisible.

Cuando finalmente llegó el día en que debían irse, el pastor logró que me llamaran para informarme que los habían detenido en el aeropuerto y no les habían dejado subir al avión. Tenían pasaportes, visados para entrar en Estados Unidos, declaraciones juradas de apoyo registradas por mí y boletos de ida y vuelta. Pero para cambiar de avión en Fráncfort, los alemanes exigían un visado de tránsito. Lufthansa no les había dicho que se necesitaba esa visa, por lo que fueron detenidos en la puerta de embarque en Bucarest. Pudieron obtener visados de tránsito a través de la aerolínea, pero su llegada a Estados Unidos se pospuso diez días. Pero todo el retraso y las molestias valieron la pena. Las noticias sobre estos hombres y las historias que contaban se propagaron de boca en boca y, durante ocho noches, nos sorprendió la cantidad de personas que vinieron a escucharlos a las casas. Hablaron de haber sido forzados a firmar declaraciones negando la existencia de Dios si querían obtener los mejores trabajos después de graduarse en la universidad, trabajos con los mejores beneficios, para poder comprar en las mejores tiendas que ofrecían productos occidentales que no estaban disponibles para el resto de los ciudadanos. También contaron que sus hijos tendrían acceso a la mejor atención médica y a las mejores escuelas. La afiliación al Partido era un requisito previo para disfrutar de estos privilegios. Solo se aceptaba a los mejores y más brillantes estudiantes en las universidades, y de ese grupo solo los mejores eran reclutados por los comunistas al graduarse. Se les consideraba un bien del Estado, pertenecientes al Estado para servir al Estado, y se les utilizaba para explotar sus dones naturales y las habilidades que habían adquirido mientras obtenían sus títulos.

Nos hablaron de las desapariciones de personas que se enfrentaron al Estado por hablar o enseñar sobre temas censurados; de autos que subían a las aceras y atropellaban, mataban o herían a los transeúntes; de informantes en el trabajo, la escuela y la iglesia. El pastor nos dijo que, antes de la revolución, los líderes de la Unión Bautista firmaron una carta en la que le pedían al dictador Ceaușescu que dejara de decir que era Dios en las transmisiones nocturnas de la televisión estatal, después de un largo y tortuoso debate entre ellos. La petición de la Unión Bautista a Ceauşescu conllevaba un riesgo personal considerable. Temían las consecuencias para sus iglesias y sus familias. De hecho, su esposa le dijo cuando llegó a casa del congreso: "Qué bueno, estoy orgullosa de ti. Pero quiero que durante las próximas semanas tú mismo camines o lleves a los niños a la escuela solo para evitar que ocurran accidentes".

Dos semanas después de presentar la petición al dictador, Ceauşescu fue derrocado y ejecutado durante la revolución de diciembre de 1989. En nuestras reuniones en casa, el pastor nos decía que deseaba que hubieran firmado la petición mucho antes.

A esto se sumó lo que ya estábamos aprendiendo sobre la vida de nuestros amigos en las numerosas conversaciones íntimas y divertidas que manteníamos alrededor de la mesa de nuestra cocina. Estos hombres eran personas orgullosas, pero modestas, maduras y con gran dignidad. Describieron la discriminación que habían sufrido por las elecciones que habían hecho de una manera humilde, a menudo con humor y amabilidad, y con gran dignidad. Nada de sus testimonios fue sensiblero; no buscaban nuestra simpatía. En cierto modo, buscaban una oportunidad para desafiarnos. La forma en que reaccionamos ante ese desafío era tan importante para ellos como mi interés en saber qué sería importante para ellos en la siguiente etapa de su vida, después de Ceauşescu.

Describieron cómo era la vida cuando se pertenece a una fe minoritaria, practicando su vocación de arriesgarse a evangelizar bajo un régimen político represivo que solo reconocía la legalidad de la fe ortodoxa oriental. La Iglesia Ortodoxa era la iglesia del gobierno y de la mayoría de la población. Aproximadamente el 97 por ciento de la población rumana practica la fe ortodoxa oriental. Es una institución sancionada por el gobierno, y la

Iglesia Ortodoxa velaba por sus intereses con la protección del gobierno. Los sacerdotes ortodoxos veían a la iglesia evangélica como una amenaza a su franquicia sobre la recaudación de honorarios. Los sacerdotes son pagados por los celebrantes para bendecir bautizos, matrimonios y servicios funerarios. El diezmo para apoyar la institución de la iglesia no forma parte de su ortodoxia. Puede verse por qué los esfuerzos de otras iglesias para evangelizar se perciben como una amenaza a la estructura de honorarios de la iglesia ortodoxa.

Hay que yuxtaponer en este último párrafo el hecho de que Cristo confronta las prácticas de los sacerdotes del templo mientras es testigo de Su Nuevo Pacto, y se podrá entender el peligro para el Estado que los líderes ortodoxos intentaron transmitir a Ceauşescu y por qué se puso del lado de ellos.

En estas reuniones y conversaciones se encuentra el comienzo de mi comprensión de la probabilidad de llegar a los niños de PC#3 a través de los esfuerzos de nuestros amigos, la iglesia rumana local. Las preguntas más agudas de nuestros nuevos amigos fueron: "Dada la libertad y los recursos que tienen en su país, ¿por qué no se han sacrificado para evangelizar más?". Nuestras preguntas dirigidas a ellos fueron: "¿Por qué no se han ofrecido como voluntarios para combatir las injusticias en su propia comunidad?". Sus preguntas, como las nuestras, buscaban definir nuestras diferentes prioridades. Los estadounidenses se ofrecen como voluntarios en sus comunidades y en el mundo como expresión de su empatía por los más desfavorecidos, algo que surge de la fe.

No nos sentimos amenazados en absoluto si nuestra ortodoxia es minoritaria. En Rumania no existen los esfuerzos voluntarios comunes a nuestra cultura. Sus vidas pertenecían al Estado hasta la revolución de 1989. Debían actuar en beneficio del Estado a cambio de la inversión que este había realizado en ellos. Si no podías, te quedabas atrás. Esa mentalidad también existe aquí, en cierta medida. Nosotros también esperamos que el gobierno resuelva los problemas de injusticia hacia los pobres y los marginados, pero no en la misma medida que los rumanos. No se trataba de una cultura mejor o peor, pero sí iba a alterarse el futuro de los niños de PC#3, tuve que aprender poco a poco que nuestro propio etnocentrismo no inspiraría el voluntariado rumano.

Se estaba llevando a cabo un proceso de emparejamiento, un cortejo para evaluar la intención mutua, que tuvo lugar principalmente entre Adi y yo. Adi era un nacionalista que esperaba ver a su país salir de su vergüenza. Luego se cansó de esa ambición, pero en mi casa, como visitante, vio en mí una oportunidad como yo la vi en él.

Si llegaban recursos y ayuda, él quería tener un papel en ese futuro. Vi a alguien que actuaría. Ninguno de los dos sabía cómo ni a qué nivel, pero esa es la naturaleza de enamorarse. Nos conoceríamos bajo presión. Eso es lo que sucedió como Dios quiso, porque para lo que estaba por venir, el amor era el requisito previo esencial. Se convirtió en la base de nuestra relación.

A lo largo de los años, otros visitantes de los Estados Unidos han venido a Constanza en busca de una relación. Al escucharlos, me di cuenta de lo ingenuos que eran sus comentarios, como lo habían sido los míos. Al final resultó que, a pesar de lo que Adi dijo más tarde: "Hud, no hay relación entre nuestras dos iglesias, la relación es entre tú y yo", sí surgió una relación entre las iglesias. Nuestras obras en Constanza estaban tan fuera de lo común en Rumania, y regresábamos con tanta frecuencia, que, con el tiempo, nuestra relación recibió el reconocimiento de nuestras respectivas iglesias. Pero por ahora, cuando Adi dejó nuestra casa para regresar a la suya, yo solo quería volver a verlo.

Para aquellos que escuchan al Espíritu, Dios hace que sus propósitos se revelen gradualmente.

Otras veces es más directo. Las personas también revelan sus pensamientos con la expectativa de un resultado que vaya dirigido a sus intereses, pero no siempre somos de fiar. En cierto modo, esa práctica es la esencia del trabajo de inteligencia. Sin embargo, a medida que se desarrollaba la relación entre dos personalidades fuertes, nunca estuve seguro de cuál de nosotros estaba manejando al otro: ¿era Adi el asistente social o lo era yo? Resultó que Dios nos manejaba a ambos.

CAPÍTULO 9

Encuentra la reglas y rómpelas

En todo trabajo hay ganancia, pero el vano hablar
conduce solo a la pobreza.

—Proverbios 14:23

Antes de irse, nos invitaron a visitar Rumania como sus invitados, y aceptamos. Desde aquel primer evento que algunos habían llamado "nuestro encuentro casual" en el sótano de su iglesia, había sucedido algo extraordinario. Había comenzado a surgir una relación, tanto más extraordinaria cuanto que la había hecho posible la única persona que se había opuesto rotundamente a ella desde el principio. Adi, que había estado totalmente a favor de una relación conmigo en el sótano de su iglesia, se había negado a la idea de ir a California, pero ahora nos ofrecía su casa para quedarnos.

Todavía no lo conocía muy bien, pero pensé que su renuencia a visitarnos en Estados Unidos se debía a que era muy sensible a las críticas y burlas que se dirigían a su país por el trato que daba a los niños abandonados. Una segunda razón podría haber sido la historia de abusos que Rumania había sufrido a manos de otros estados-naciones más fuertes, que había eclipsado su soberanía mientras saqueaban sus recursos.

Los primeros invasores fueron los romanos, luego los otomanos, seguidos por los Habsburgo, los nazis y finalmente por el ejército de ocupación ruso después de la Segunda Guerra Mundial. Luego estaban sus propios dictadores, Gheorghe Gheorghiu-Dej y Nicolae Ceauşescu, quienes, bajo la apariencia de un nacionalismo benévolo, les robaron al igual que todos los demás. Y ahora estaba esta plaga actual, las hordas de curiosos occidentales hablando sobre uno de los peores restos de su abuso bajo los comunistas: las atrocidades en los orfanatos.

Adi era muy reservado respecto a sus sentimientos por los niños (todos los rumanos lo eran), pero no respecto a la política. Podía ser muy franco al expresar esas ideas. Aun así, era sensible e incluso se enfadaba por lo que sentía que eran las heridas autoinfligidas que su país había sufrido a lo largo de su historia. Creía que la gente de Rumania se lo había buscado. No habían tenido suficiente sentido de la unidad ni carácter para aceptar la idea de que era en su interés nacional resistir a los ocupantes extranjeros. De hecho, diría que le avergonzaba tener que hablar de su historia, excepto la de los montañeses.

La gente de la montaña eran esos feroces personajes que vivían en las montañas de los Cárpatos y que nunca habían sido sometidos por ninguna fuerza de ocupación. Habían sobrevivido a las invasiones y resistido las imposiciones políticas, protegidos por su topografía montañosa, hasta que los invasores se debilitaban por el frío y la nieve. Adi mismo era de una región montañosa. Creció cerca de la frontera rusa.

Me permito explicar el atractivo de Ceauşescu, ya que es importante para comprender la historia rumana de enfrentamiento a la injusticia, al igual que las preocupaciones de Adi acerca de nuestra relación inicial.

Antes de que Gheorghe Gheorghiu-Dej se convirtiera en el

primer dictador comunista después de la Segunda Guerra Mundial, los rumanos habían sufrido la indignidad de las ocupaciones extranjeras como siempre lo habían hecho. Gheorghiu-Dej y, más tarde, Ceauşescu encajaron fácilmente a Rumania en el bloque de naciones soviéticas y los rusos les permitieron permanecer en el poder porque eran comunistas. Sin embargo, con el tiempo, elevaron la soberanía de Rumania por encima de la de los otros miembros del bloque de estados soviéticos y unieron al país políticamente al desafiar a los rusos, particularmente en su política de aislamiento durante la Guerra Fría. Los rumanos lo amaban por eso y pasaban por alto sus excesos personales porque les proporcionó estabilidad e identidad después del caos que les trajo la Segunda Guerra Mundial, similar al líder alemán que estabilizó su país después de otra guerra mundial.

Sin embargo, a medida que ganó fuerza, sus otras acciones no fueron tan beneficiosas para el pueblo rumano. Ceauşescu se burló de Rusia al hacer fuertes propuestas a los socios de la OTAN. Pagó la deuda externa industrializando la economía, pero erradicó la producción de cereales en Rumania al nacionalizar las tierras de la clase de personas que los producían. Fue una lástima, porque la venta de los cereales rumanos la había convertido en el granero de Europa y en una potencia económica mundial. En lugar de adoptar eso, Ceauşescu centralizó la economía para que muy poco del PIB del país llegara a la población, incluso mientras construía su propia visión de un estado-nación. Así llegó el socialismo, lo que significaba que todos tenían trabajo y todo en la infraestructura funcionaba, pero él mantuvo todo en su lugar con miedo e intimidación mientras su pueblo pasaba hambre.

Ahora, los rumanos tenían algo que nunca habían experimentado: un líder fuerte que les daba un sentido de identidad nacional y al que podían perdonar las indignidades que yacían debajo de la superficie. El pueblo aprendió que era mejor —e infinitamente más seguro— mirar de soslayo a los presos políticos que lo desafiaron y a los niños robados a sus familias y entregados a instituciones que desafiar a Ceauşescu.

En años posteriores, en cenas con algunos de mis amigos rumanos más cercanos, me dijeron más de una vez: "No te va a gustar lo que te vamos a decir, pero eres nuestro hermano y queremos que conozcas nuestros sentimientos. Ya sabía lo que vendría a continuación. "Bajo el comunismo las cosas eran mejores para nosotros. Todos teníamos trabajo y dinero para gastar. No había nada que comprar, pero todo funcionaba. Ahora no funciona nada, todo está roto y hay muchas cosas para comprar, pero no tenemos dinero para comprarlas. Bajo el comunismo sabíamos quién era corrupto. Ahora todo el mundo es corrupto. Las personas con más dinero no pagan impuestos".

Yo quería responder: "Sí, pero ahora solo están pensando en ustedes mismos otra vez. ¿Cómo se puede racionalizar un sistema que acepta la eutanasia de miles de niños no deseados como algo normal? Y ahora nos quedan cientos, nadie sabe cuántos en realidad, de niños seropositivos que son traficados y enviados a todo el mundo". Pero no lo hice porque sabía que esta expresión de su frustración con la nueva socialdemocracia posterior a Ceauşescu era la respuesta a mi pregunta.

¿Dónde encontraría a alguien en Rumania que diera un paso al frente para liderar un cambio radical en el centro PC#3? Las personas con tiempo y ganas de intervenir en el sufrimiento eran muy pocas porque necesitaban apoyo financiero, por lo que los de Occidente se quedaron solos. Mientras los rumanos pudieran pasar por alto la podredumbre del antiguo régimen y recordarla, no ayudarían a menos que alguien los guiara y les pagara por ello.

Ahora queda claro por qué estaba tratando de descifrar las intenciones de Adi. ¿Por qué cambió de opinión? ¿Qué nueva visión del futuro tuvo que no coincidiera con la mía? Empezaba a darme cuenta de que la visión que Adi tenía de las cosas podía cambiar muy rápidamente. Cuando lo invitaron a visitar Estados Unidos para vernos, dijo: "No saldrá nada de esto, es una pérdida de tiempo. Para ellos solo somos una curiosidad". No quería volver a decepcionarse. Pero es posible que finalmente haya visto lo que pretendía, el presagio de lo que vendría. Tal vez él supo antes que yo de dónde vendría el apoyo.

Hay que considerar que, en 1993, la industria de los viajes no tenía muy presente a Rumania como destino vacacional. De hecho, cuando les mencionamos a nuestros amigos que estábamos a punto de ir a Constanza, algunos se sorprendieron. Nos dijeron: "Rumania, ¿por qué ir a Rumania? ¿Qué vas a hacer allí? Rumania era el país de ese tipo Ceauşescu, ¿no? ¿No fue asesinado? ¿Dónde está Rumania? ¿No es ahí donde encontraron a todos esos niños? Oh, eso tiene que ser interesante".

Y así, hora tras hora, mientras nos alejábamos cada vez más de California, las apariencias y el comportamiento de las personas con las que nos encontrábamos cambiaban. En el vuelo de San Francisco a Nueva York, nuestros gestos y apariencia no diferían tanto de los de los demás pasajeros. Desde Zúrich hasta Bucarest, nuestro aspecto era menos parecido al de los demás y algunos pasajeros no eran tan pacientes al subir o bajar del avión. Desde Zúrich hasta Bucarest, el comportamiento de algunos pasajeros era similar al de un mercado al aire libre con muy poca comida para elegir. Después de embarcar, los asistentes de cabina suizos intervinieron para reducir los empujones y resolver las discusiones sobre los asientos.

Cuando el avión comenzó su aproximación final y algunos pasajeros se levantaron de sus asientos y corrieron hacia la parte delantera de la cabina para ser los primeros en desembarcar en Bucarest, los tripulantes del vuelo se quedaron sin aliento. Entonces todavía se permitía fumar a bordo. Cuando llegamos a Bucarest, llevábamos veintisiete horas despiertos y todavía teníamos que pasar por la aduana, para luego hacer un viaje de cuatro o cinco horas a Constanza con Adi. Todavía no habíamos aprendido la importancia de hacer una parada en Zúrich para descansar una o dos noches. En viajes posteriores, pasamos la noche en Suiza para evitar el desfase horario y quitarnos la arena y el humo del avión que se adhieren a uno por estar sentado en un asiento de clase económica, sin poder acostarse durante un día y una noche.

Antes de viajar, traté de preparar a Cynthia para lo que se le venía encima en Bucarest. Le expliqué que a los aduaneros del aeropuerto de Bucarest les encantaba intimidar a los recién llegados. El gobierno no vigiló de cerca la práctica no autorizada de recaudar dinero en efectivo de los no ciudadanos, que se conocía como impuesto de visado. Le dije: "Te van a pedir 34 dólares. Es una práctica oficial, pero la cantidad variará dependiendo de lo bien que sepan intimidar. No pierdas la calma. Después de que recojan el dinero, el funcionario te dará la mitad de un recibo pequeño en papel. Usa este clip que te estoy dando para adjuntar la mitad que te devuelven dentro de tu pasaporte, porque debes presentarlo a la salida del país. Si no lo presentas, te interrogarán y amenazarán con llamar a la policía porque, sin ese papel, no podrás probar que has entrado legalmente en el país. Están entrenados para rastrear a todos los extranjeros que entran y todavía emplean el antiguo sistema de guardianes de sobornos.

En el aeropuerto, nosotros y nuestra caja de regalos y equipaje éramos el objetivo de los funcionarios de aduanas. Eran brutales y groseros. Exigieron que pagáramos aranceles por nuestros "bienes importados" o tendrían que incautar nuestra caja de regalos. A pesar de mis advertencias, Cynthia no estaba preparada y no pude hacer nada para protegerla del torrente de insultos. A cambio, me vi obligado a comportarme de manera ruidosa y abusiva hasta que altos funcionarios con mejores habilidades lingüísticas intervinieron y escucharon mi amenaza de presentar una queja en la embajada de los Estados Unidos. Y todo esto ocurrió antes de que saliéramos del área de reclamo de equipaje. La situación no pintaba bien.

Adi nos recibió afuera del reclamo de equipaje y finalmente nos sentimos seguros porque conocía el idioma. También fue entonces cuando Cynthia experimentó de primera mano cómo los occidentales somos diferentes de los orientales. No me dejo intimidar fácilmente, pero tanto Cynthia como yo encontramos aterradores los peligros en el camino a Constanza. Adi bromeó con nosotros a lo largo de los años diciendo que las carreteras rumanas son "una verdadera democracia", y tiene razón.

Todos los posibles objetos en movimiento en Rumania, ya sean animados o inanimados (animales, manadas, rebaños, gatos, camiones, automóviles o peatones), coexisten en la carretera desde Bucarest hasta Constanza, moviéndose en diferentes direcciones, lugares y velocidades.

El protocolo de tráfico es egoísta y desordenado, al igual que el procedimiento para subir o bajar del avión. Por ejemplo, la maniobra aceptada para rebasar a otros automóviles o camiones es jugar a ver quién es más gallina con el tráfico que se aproxima y dirigirse directamente hacia él. ¿Espacio para pasar? ¿Quién lo necesita? Se espera que los que se acercan desde la dirección opuesta reduzcan la velocidad y te permitan regresar al carril de los coches que has rebasado, si estos disminuyen la velocidad lo suficiente como para crear un espacio por el que puedas moverte. Los conductores que viajan a velocidades vertiginosas deben cooperar en una danza mortal con una sincronización de fracción de segundo para evitar un accidente. Es realmente desconcertante. Para encontrar la paz, adopté una actitud fatalista de aceptación.

Cynthia escribió más tarde:

> *Ser anfitriones de tres ancianos de una iglesia cristiana de Rumania había sido una experiencia increíble para Hud y para mí. Sentimos un vínculo común con estos hermanos creyentes para quienes la salvación de Cristo lo es todo. Su camino de fe ha sido tradicionalmente a través de la predicación y la enseñanza. Encontraron nuestra iglesia diferente de lo que esperaban, especialmente en términos de sus esfuerzos de alcance global y local. Durante su visita, Dios había comenzado a sentar las bases para lo que quería, pero yo no estaba preparada para los rigores del viaje y todo lo que estaba a punto de encontrar.*

Después de dos días, por fin estábamos frente al complejo de departamentos de Adi, donde cargamos nuestro equipaje y las cajas de regalo por los tres tramos de escaleras hasta el suyo. Su vivienda estaba en un edificio viejo, mohoso y oscuro. Puede que vivieran cientos de personas en edificios como este, pero eran silenciosos y tranquilos. No se oye nada de los vecinos, solo olores a carne frita, cebollas y pimientos. Las escaleras y los rellanos están oscuros, por lo que al pulsar un interruptor en un rellano se encienden las luces durante diez o veinte segundos. A veces, los interruptores no funcionaban si los vecinos no habían pagado todas las cuotas de la asociación de propietarios. Aprendí a memorizar el número de escalones en cada descanso para no tropezar en la oscuridad total. Son nueve pasos hacia arriba, luego hay que girar a la derecha y después hay ocho pasos más para llegar al siguiente nivel. Es lo mismo en cada bloque de viviendas construido en Rumania en un periodo determinado. Memoricé los pisos y las puertas de los departamentos de mis amigos para evitar entrometerme con un extraño. Adi vivía en el tercer piso, la primera puerta a la izquierda en la parte superior de las escaleras.

Entonces llegó el momento más esperado. Cuando abrimos la puerta, nos encontramos con calor, hospitalidad, amor y buenos olores. Habíamos cruzado a otro mundo como cuando se atraviesa la puerta del armario y se entra en Narnia. La familia de Adi se caracterizaba por la paz, la cultura, el orden, la cortesía y el humor.

Después de las presentaciones en inglés y una cena cálida y sustanciosa, nos acostamos exhaustos en el dormitorio principal. Y así fue como dormimos durante el resto de nuestra estancia y en cada visita sucesiva: ellos se acostaban en los sofás duros de la sala de estar y nosotros en su dormitorio. Insistieron en este arreglo.

El departamento de Adi era como tantos otros, todos del mismo tamaño y con la misma distribución. La cocina era diminuta: un solo fregadero y una pequeña estufa y horno de propano sin termostato. (¡Pero la comida que cocinan es exquisita, abundante y sabe muy bien!) Así trataba Rumania a su gente y a sus niños huérfanos. El Estado no reconoce a los que no pertenecen a la élite más allá de la función que les ha asignado. El departamento fue entregado a Adi y su esposa después de que su casa fuera expropiada para dar paso a un edificio de oficinas gubernamentales.

Al principio de su matrimonio, habían comprado una casa cerca del mar para su nueva familia. Tenía un patio y un jardín donde la brisa marina los refrescaba en los calurosos y húmedos meses de verano. En el patio había un comedor y un horno de ladrillos al aire libre, como un horno de pizza, para cocinar y asar a la parrilla. Era uno de los mejores barrios cerca del mar Negro. Una noche, un funcionario del gobierno llamó a su puerta para decirle a Adi que el Estado tomaría la casa y la derribaría, como había hecho con miles de casas en cientos de otros vecindarios. A muchas familias rumanas les habían quitado mucho más que sus hogares en procedimientos similares. ¿De qué servía la dignidad a un activo humano del Estado?

Los rumanos justificaron su amargura durante tantos años de indignidades, y Adi había experimentado su parte de ellas. La diferencia entre Adi y la mayoría de la gente es que él respondió actuando de manera proactiva, desafiándolos en todo caso. Una de sus expresiones favoritas para promover el reino de Dios era: "Encuentra las reglas y rómpelas". Solo en privado admitiría que le gustaba burlarse de las autoridades.

Por ejemplo, los comunistas limitaron el número de estudiantes de teología que podían ser admitidos en la universidad. Entonces, Adi y otras personas con capacidad y voluntad de formarse y servir viajaron a predicar como pastores laicos. Fundaron cientos de iglesias domésticas y bautizaron y casaron a muchas personas fuera de los edificios de la iglesia oficialmente reconocidos. Conseguían buenos resultados en cualquier momento y lugar donde se presentaba la oportunidad.

Mi objetivo al ir a Rumania era empaparme de la cultura, por lo que mi prioridad era estar entre ellos. Este fue mi primer paso para entender si hubiera alguien que me acompañara a PC#3 para poder entrar y salir libremente sin un chaperón rumano.

Los creyentes rumanos no son diferentes de otros seguidores de Cristo. Algunos aceptan a Jesús como su Salvador simplemente para heredar la vida eterna. Decimos que Él vive en nosotros, pero no compartimos ninguna de sus cargas ante las vastas necesidades de quienes sufren a nuestro alrededor. Oh, hacemos algunas buenas obras, pero solo donamos lo que podamos pagar fácilmente. Si bien hay unos pocos cuyos corazones están quebrantados y se conmueven ante el dolor de muchos, esas personas son pocas. Al igual que los feligreses de todas partes, llevamos vidas respetables, pero se piensa que los que se bajan del bote para caminar sobre el agua son tontos, principalmente porque nos sentimos un poco culpables al verlos intentarlo. Pocas personas aceptan el papel de tontos para Jesús. Adi era una de esas personas a las que no les importaba lo que los demás pensaran de él, y esa es parte de la razón por la que permitió que su corazón se abriera a nuestra relación.

Aceptar la invitación de Adi para regresar a Rumania fue fácil. Ya había escrito anteriormente sobre mi deseo de conocer a la gente y ver Rumania lo antes posible después del colapso del gobierno de Ceauşescu, antes de que se desvanezcan los vestigios del comunismo al estilo de Europa del Este. Quería conocer a la gente y su cultura antes de que todos se occidentalizaran. El tiempo era corto. Para cuando la próxima generación de rumanos llegara a la adolescencia, los recuerdos de lugares como PC#3 se perderían.

CAPÍTULO 10

Libertad para vagar en su corazón

Entonces yo me volví y observé todas las opresiones
que se cometen bajo el sol: Y vi las lágrimas de los oprimidos,
Y no tenían quien los consolara;
En mano de sus opresores estaba el poder,
Y no tenían quien los consolara.

—Eclesiastés 4:1

Era 1994, un año después, y yo estaba de vuelta en Constanza, libre de recorrer cualquier lugar de Rumania que yo eligiera y libre de hablar con cualquiera de sus ciudadanos que correspondiera a mi interés. Esa libertad de movimiento y acceso fue un regalo extraordinario. Fue predestinado, ya que se produjo tan rápidamente como el fracaso de la Unión Soviética y de Rumania a la hora de permanecer aislados del resto del mundo.

Dos años antes, hablar abiertamente con un occidental era un riesgo irresponsable para los ciudadanos rumanos. De hecho, habría sido peligroso para mí y para las personas que conocí que nos viera el Departamento de Seguridad del Estado, o, como todavía lo llaman los rumanos que vivían bajo su terror, Securitate.

El Departamentului Securitatii Statului (Departamento de Seguridad del Estado) se organizó en 1948 con la ayuda de la NKVD soviética, predecesora de la organización de seguridad conocida como KGB. En su apogeo, la Securitate contaba con 25 000 empleados, 11 000 agentes y 500 000 informantes. En proporción a la población de Rumania, que era de veintidós millones en 1956, era una de las policías secretas más grandes del bloque del Este. Bajo el régimen de Ceauşescu, la Securitate fue una de las fuerzas policiales secretas más brutales del mundo, responsable del arresto, la tortura y la muerte de miles de personas.

En los primeros años posteriores a la revolución, si saludaba a los rumanos en Estados Unidos, su expresión cambiaba a una de miedo sobresaltado hasta que les aseguraba que mi saludo era de amistad. Hoy, cuando les hablo, recibo más una mirada de sorpresa. El rumano no es un idioma que se hable comúnmente fuera de su país de origen y los expatriados rumanos son un grupo enclaustrado y estrechamente conectado que aún desconfía de aquellos que claramente no son de origen rumano.

Hay un coloquialismo en Rumania que dice: "Tengo ojos azules". Adi lo usó una vez cuando le pregunté cómo sabía tanto sobre un asunto que no era de conocimiento común. Dijo que los rusos tienen los ojos azules, los rumanos rara vez los tienen y que los rusos son del KGB (o agentes de inteligencia rusos). Cuando he utilizado la expresión en conversaciones en el país, me han mirado con cara de decirme que entienden que tengo una idea de su cultura y que no hace falta dar más explicaciones.

Pero si la oscuridad y el mal humor de Rumania y su gente me asustaron, caminar por sus calles y deambular por sus hospitales y orfanatos tan pronto después de su revolución los había dejado visiblemente sorprendidos y con desconfianza hacia mí. Los efectos de su opresión todavía estaban muy presentes, incluso cinco años después de la caída de Ceauşescu. Aquellos cuya curiosidad pudo más que su desconfianza también querían hacerme preguntas, y agradecí esos momentos. Yo estaba allí para escuchar y aprender, ¡y mi curiosidad era voraz! Fue una ventana asombrosa en el tiempo, cuando el país se detuvo en seco y en el silencio que siguió, aquellos que hablaron conmigo tenían tanta curiosidad por mi cultura como yo por la de ellos. Iba en ambos sentidos. Durante los primeros años, mientras viajaba de California a Rumania, me hacían muchas preguntas. Mis conocidos suizos, al enterarse de que habíamos estado en Rumania, respondían con un "Oh, lo sentimos". Mis amigos estadounidenses, con las imágenes de la revolución rumana aún recientes en la mente, me hacían preguntas como "¿Han mejorado las cosas en Rumania?".

El tono de las preguntas de las personas que se referían a los rumanos como pueblo a menudo era condescendiente, pero no siempre. A veces se percibía curiosidad, a veces simpatía y preocupación genuinas. Adopté una postura de escucha reflexiva con una pregunta neutral. "¿Han mejorado? ¿De qué manera?".

Esto a menudo provocaba una respuesta como "Sí, ya sabes, ahora que el comunismo se ha ido, ¿su economía está mejorando? ¿Está mejorando el nivel de vida? ¿El pueblo quiere democracia? ¿Abrazan el capitalismo?". Más tarde, después de que PC#3 se convirtiera en Casa Viata Noua (CVN) —Casa Vida Nueva—, las preguntas se formulaban en un contexto diferente: "Ahora que el comunismo se ha ido, ¿te está ayudando el gobierno? ¿Los niños están siendo adoptados? ¿Sus familias los aceptan? ¿Cuánto tiempo piensas quedarte? ¿Qué va a pasar con los niños? ¿Los rumanos alguna vez comenzarán a compartir nuestras creencias y valores ahora que son libres?".

Por lo general, respondía con: "Cuando fui por primera vez, la población era de 23 millones. Ahora son 17 millones. Los que pueden marcharse, lo han hecho y no miran atrás. No, los que todavía están allí y los que se fueron no esperan que sus vidas mejoren". Entonces, si su interés fuera más que pasajero, yo continuaría: "Y los rumanos dicen: 'Sí, estamos tratando de ser más como ustedes. Pero ahora que has visto cómo era la vida para nosotros entonces y cómo es para nosotros ahora, ¿por qué tienes tanta prisa por ser más como nosotros? ¿No has visto que el socialismo no funciona?'".

Después de haber tenido el beneficio de ver la metamorfosis de Estados Unidos y Rumania entre 1992 y 2022, parece que la gente de todas partes quiere encontrar esperanza en los cambios provocados por la inclusión de Rumania en la comunidad de naciones occidentales. Sin embargo, el cambio desde el exterior nunca restaura una esperanza duradera.

Aun así, mis compatriotas y yo aún esperábamos que los cambios políticos y económicos devolvieran la esperanza a las vidas de los huérfanos de PC#3 y a quienes los cuidaban.

Cuando Jesús entró en Jerusalén para morir por nosotros, conocía Su carga, y se ha dicho que Él lloró porque, al reflexionar sobre el futuro de sus hijos, dijo: "¡Si en este día hubieras conocido, también tú, las condiciones de la paz! Pero ahora se han ocultado ante tus ojos" (Lucas 19:42). Y yo continuaría parafraseando Su misión con respecto al versículo 42 (quizá para horror de los teólogos) diciendo: "Porque no sabes qué es lo que cambia el corazón y restaura la esperanza que te traerá una nueva vida. Voy a tener que demostrarlo". El amor abnegado puede traer un cambio que dé la oportunidad de encontrar o recuperar la esperanza. A esas personas me dirigí cuando recorrí Constanza, buscando a personas dispuestas a amar con sacrificio a los residentes de PC#3. No podía soportar yo solo la carga de la desesperanza en la vida de los niños. Seguía pensando que debería ser una carga rumana, y que mi papel en apoyarlos sería indirecto.

Siendo ese el caso, tal vez la pregunta menos obvia que me hice fue: ¿qué iba a hacer con PC#3? Pensé que, ahora que se habían eliminado los obstáculos a la libertad de elección de los rumanos, se apresurarían a curar la vergüenza de su país y redimir las vidas de los huérfanos con reformas y medidas de ayuda financiadas internamente. Yo creía que el sistema que institucionalizaba a los niños no deseados les había sido impuesto. ¿Cómo se podría explicar de otra manera que algo como PC#3 pudiera considerarse una solución práctica para tantos niños sin padres? Si el holocausto pediátrico que se está llevando a cabo en cientos de otras instituciones no se universalizara como una de las muchas ineficiencias graves de su sistema, podría haber algunas personas dispuestas a invertir en el cuidado posterior de estos desafortunados. Tal vez, si volviera con la suficiente frecuencia, podría inspirar a algunas de esas personas a tomar la iniciativa y hacer el trabajo, comenzando por un lugar pequeño: PC#3.

El obstáculo fue el gran desánimo de la gente de Rumania. Iain MacGregor pinta un cuadro mucho más sucinto de lo que vi en mis primeras visitas a Rumania y de lo que nuestros invitados de la iglesia rumana trataron de compartir con nosotros alrededor de la mesa de desayuno mientras tomábamos café. En su libro *Checkpoint Charlie,* MacGregor escribe sobre lo que tres periodistas occidentales presenciaron sobre la vida en el lado este del Muro de Berlín antes de su caída. Una vida que, en sus palabras, *"hizo que los tres se echaran atrás ante el nombre (República Democrática Alemana)"*.

Debido a sus credenciales de prensa, los periodistas occidentales se encontraban entre los pocos que podían cruzar de un lado a otro la "zona de la muerte" que separa Berlín Occidental de Berlín Oriental con relativa impunidad. MacGregor escribió:

> *Para los diecisiete millones de ciudadanos de Alemania Oriental* [y los veintitrés millones de rumanos] *encerrados en su país, con sus vidas cotidianas monitoreadas, evaluadas, manipuladas y dirigidas por una fuerza tan encubierta y malévola como la Stasi.* [La Securitate rumana] *era una forma de humillación diaria. A diferencia de la época de Stalin [o de los dictadores rumanos Gheorghiu-Dej y Ceaușescu] la gente no era acorralada, torturada ni fusilada. El sistema perfeccionado en la RDA* [y Rumania] *a finales de la década de 1970 era mucho más sutil y discreto, hasta el punto de que la prisión política de la Stasi de Hohenschönhausen* [o prisión de Poarta Alba] *en el noreste de Berlín era relativamente desconocida en el país. A menos que fueras desafortunado y te enviaran allí.*

Tuve el privilegio de ver el mundo en el que habían vivido mis amigos justo antes de que cambiara. Las ciudades eran grises y sin color. Permanecían oscuras y sin luz por la noche. No había luces brillantes en la ciudad ni letreros de neón que invitaran a la gente a salir después del anochecer para divertirse o identificarse con una marca como Coca-Cola o Pepsi. Tenían sus vidas, las que les había dado el régimen, y no debían esperar nada más sin invitar al castigo.

Esa era la vida de los rumanos antes de diciembre de 1989. Después de la revolución, mientras buscaba personas con las que compartir mi carga por PC#3, fui testigo de cómo la inversión extranjera transformaba lentamente Rumania en una economía impulsada por el consumo, mientras mis amigos seguían soportando estoicamente una vida marcada por la brutal ineficiencia. Esperaban tener acceso a una atención sanitaria y electricidad mejores, alimentos más baratos, gasolina y diésel más económicos, agua caliente más fiable, un mejor servicio telefónico y más opciones de ropa, pero todavía tenían que lidiar con la ausencia de restaurantes y automóviles. Mientras tanto, sus magros salarios estatales no podían pagar los lujos occidentales que llegaban. Y, sin embargo, a pesar de las privaciones, la humillación y la decepción de que Estados Unidos no se apresuró a presentar una nueva versión del Plan Marshall y su prometida prosperidad, la mayoría había aprendido a aceptar sus vidas insípidas con buen humor y a reírse de todo con la expresión: "Se necesita mucho tiempo para vivir en Rumania".

Demasiado tiempo, para ser sincero. La mayoría estaba tan ocupada adaptándose a su nueva normalidad que aprendí a no esperar que miraran hacia atrás para toparse con los niños para quienes el cambio político y económico no significaba nada. Algunas personas los vieron. Las agencias de socorro los vieron como una oportunidad para traer reformas y programas educativos que, si se comercializaban adecuadamente, generarían donaciones. Unos pocos rumanos del sistema de atención se adhirieron a esos presupuestos de ayuda, actuando como guardianes para aumentar sus salarios. Pero nadie ofreció un amor abnegado para generar cambios y restaurar la esperanza, excepto unos cuantos valientes que dedicaron su tiempo como profesionales o voluntarios. Incluso estos no contaban con recursos ni con fondos para cubrir los gastos generales o para lograr un cambio permanente en las deterioradas condiciones de vida de los orfanatos.

E incluso si hubieran tenido un patrocinador con dinero para proporcionar un programa independiente soberano para dar una nueva vida a los huérfanos, ¿cómo habrían separado mi orfanato PC#3 de los cientos de otros bajo la autoridad del Gulag para poder operar independientemente? No era posible en una cultura tan estrictamente controlada de arriba hacia abajo, y mi esperanza languideció, ya que no tenía ni idea de si o cómo pudieran cambiar las cosas. Pero Dios nunca nos abandona.

CAPÍTULO 11

Ir más a fondo

"¿A quién enviaré, y quién irá por nosotros?".
"Aquí estoy; envíame a mí", le respondí.

—Isaías 6:8

En la primavera de 1994, hice el primero de muchos viajes a Constanza y PC#3, por lo general solo. La familia de Adi me acogió y cuidó de mí mientras deambulaba por la ciudad o pasaba mis días con Adi. Es importante señalar que el regalo de su amistad y la forma en que me cuidaron fueron la razón por la que pude echar raíces en Rumania y luego construir una misión. Aparte de la maravillosa y enriquecedora hermandad que compartimos, no es exagerado decir que me lancé a la aventura, aunque no estaba solo. Confiar en la dirección del Espíritu era la única forma de estar disponible para escuchar sus instrucciones y encontrar la paz frente a los riesgos. Sabía que tenía una red de seguridad gracias a la familia, así que podía correr el riesgo de caerme.

De 1993 a 1998, cada vez que subía al avión y salía de Zúrich para Bucarest, entraba en un apagón de comunicaciones, dejando atrás las conexiones con el hogar y las comodidades que dábamos por sentadas en Occidente. No sabría si Cynthia tuviera emergencias con los niños o si mis propios proyectos de construcción tenían problemas. En el caso de que tuviera un accidente automovilístico o por estar cerca de los niños con VIH si alguien me mordiera, me arañara o me pinchara accidentalmente, no tendría acceso a atención médica segura y rápida hasta que volviera a aterrizar en Suiza. Los antivirales, que no curan el VIH, pero retrasan la aparición del virus si se administran de inmediato, no estaban disponibles en Constanza. Habrían sido tres días para ser extraído, volar a Zúrich y recibir tratamiento. Ahora no pensamos en el VIH como una amenaza personal porque se entiende y se puede tratar. Solo el virus COVID-19 comparte la inmediatez de los temores de las personas como lo hizo entonces el VIH. Sin embargo, estar aislado fue algo bueno, porque me mantuvo en el momento, libre de distracciones. De hecho, fue una bendición, porque me vi obligado a confiar en Dios con mis incertidumbres.

Adi y su familia me enseñaron a moverme por la ciudad. Yo montaba los tranvías o alquilaba un taxi por un dólar al día. En la cena cada noche, me enseñaron habilidades básicas del idioma y cómo contar y cambiar dinero, y refutaron las suposiciones que había hecho sobre las personas que conocí ese día.

Cuando exploraba el hospital de enfermedades infecciosas o PC#3, siempre traía pequeñas cajas de chocolates y adoptaba un semblante sociable con las personas por debajo del nivel de los directores o jefes de departamento. Los visitantes solían querer reunirse con los rumanos que ocupaban cargos directivos. Ya había conocido a los directores o jefes de departamento en ambos lugares en mis visitas iniciales, y me había mantenido en contacto con ellos. Pero quería encontrar a la gente común, menos digna de conocer y menos visible, que estuviera dispuesta a enseñarme cosas, o que, si tocaba un nervio sensible con mis preguntas, me cerrara las puertas. En cualquier caso, aprendería algo y lo usaría para contrastar la verdad sobre lo que realmente ocurrió antes de que las agencias o fundaciones occidentales se involucraran en sus programas de tratamiento o en sus esfuerzos de apoyo.

Estaba fascinado por lo que no estaba siendo revelado. Después de solo dos visitas, sabía poco de lo que se esperaba de mí. Sentí que había expectativas, pero necesitaba tiempo para saber qué había debajo de la superficie del sufrimiento que yacía al descubierto. Los apóstoles de Cristo le preguntaron: "¿Por qué vamos a Jerusalén?" y Él les dijo: "Aún no es tiempo de que lo sepan". En una noche calurosa y húmeda en una de mis primeras visitas, me quedé despierto en el calor del verano sudando sobre mis sábanas, incapaz de dormir, y le pregunté: "¿Por qué Me tienes aquí y por qué estoy tan feliz?".

Por las relaciones.

"¿Qué significa eso?", pregunté, y no hubo respuesta alguna.

Descubrí dónde estaban los centros de atención y los pabellones de hospital que no estaban abiertos a las visitas; solo se permitía la entrada a los pacientes y sus familiares. Iba y venía, y era como si fuera invisible.

Adi y yo pasamos un tiempo en PC#3, y después de nuestras visitas por lo general nos alejábamos sin decir mucho sobre lo que habíamos visto. Cuando hablábamos de eso, como la mayoría de los hombres, hipotéticamente resolvíamos las deficiencias más evidentes, como la condición decrépita del edificio en sí. Pero nuestra conversación no pasó de especular sobre una lista de deseos de reparaciones a los edificios que haríamos si estuviéramos a cargo. Estábamos soñando. ¿Qué podíamos hacer? ¿Cómo podrían dos hombres recuperar el anexo de un hospital del gobierno y reconstruirlo, mantenerlo y dotarlo de personal para que fuera habitable?

Cuantas más visitas hacía a PC#3, más fácil me resultaba desaparecer en el edificio sin que me vieran. Aparte del hospital de enfermedades infecciosas, ningún otro lugar despertó tanto mi interés. Quería saber el nombre de cada niño. Me sentaba en silencio en un pasillo y los observaba. Estudié la interacción entre los niños y el personal para descubrir los hábitos del personal a la hora de cuidar a los niños. Pasé horas con la directora, que me contó su angustia por la falta de ropa, lavandería, comida y personal adecuados; era incapaz de cocinar, limpiar y cuidar a cincuenta niños. Alrededor de un tercio de los niños tenían necesidades especiales profundas que me rompieron el corazón. Deberían haber estado en una instalación dedicada exclusivamente a ellos. A menudo, la directora perdía su estoicismo y lloraba frustrada. Se sentía responsable de todos los que trabajaban o vivían allí, por lo que sentía era su incapacidad para hacer que la indiferencia de la administración del hospital ante su sufrimiento cambiara. Hubo razones por las que se permitió que continuaran las malas condiciones, pero ¿cuáles eran?

Mi relación con los niños y el personal de los pabellones del centro PC#3 y de algunos otros centros de atención administrada creció. Empecé a aprender sus nombres y pude estar al tanto de sus circunstancias. Nosotros —las enfermeras, los médicos, los niños, el personal de apoyo y yo— empezamos a reconocernos, pero nuestra capacidad de comunicación seguía siendo limitada.

Los niños tenían una cosa en común: habían sobrevivido. Nacidos en hospitales rumanos, habían sobrevivido al parto y luego a los pabellones de pediatría, donde los envolvían en sábanas y los abandonaban. La mayoría de ellos había sobrevivido al abandono de ser dejados en sus cunas hasta que tuvieron la edad suficiente para caminar. La mayoría nunca había conocido a sus padres. Muchos carecían de certificados de nacimiento. Nadie podía recordar dónde ni cuándo habían nacido. Todavía no habían muerto a causa de las complicaciones derivadas de su infección por el VIH.

Tenían entre tres y diez años. Naturalmente, cada uno era único y todos anhelaban ser conocidos. Pero no habían aprendido a expresar adecuadamente sus necesidades. Para aquellos que no podían hablar, su incapacidad para expresarse ellos mismos era frustrante para ellos y también para nosotros. Podría decirse que la mayoría, si no todos, padecían el trastorno de vinculación reactiva (RAD) y el trastorno por déficit de atención con hiperactividad (TDAH). Para diagnosticar y tratar adecuadamente a una treintena de niños, algunos con necesidades especiales, habría sido necesario que varios médicos muy capacitados trabajaran varios días a la semana con ellos, lo cual no podíamos permitirnos. Pero estos niños fueron los supervivientes. Eran los duros. Se habían aferrado a la vida en aislamiento, compitiendo por la atención de sus cuidadores en una habitación llena de otros niños que buscaban lo mismo. Cualquier progreso para sacar a estos niños de su confusión podría requerir años de cuidados. Eso estaba claro.

A menudo usamos la expresión "horrores indecibles" para referirnos a otros: los responsables de la violación de Nankín, el Holocausto o los campos de exterminio de Camboya. Son *esas personas* las que son capaces de tales actos, no nosotros. Ahora uso indescriptible para describir el silencio turbio o doloroso con el que me encontré mientras empujaba suavemente contra el silencio de los rumanos en respuesta a mis preguntas.

Me llevó tiempo animar a la gente a compartir sus historias y recuerdos conmigo. Había quienes nunca hablaban. Quienes sí expresaron sus sentimientos lo hicieron con lentitud y a través de pequeñas reflexiones anecdóticas. Durante numerosas conversaciones, Adi y su familia permanecían en guardia, excepto Adi, quien diría: "No hay una familia en Rumania que no haya sido tocada por el sistema de los orfanatos". O "No tienes idea de lo que le estás pidiendo a la gente que haga". Otros, a menudo afligidos, estaban abiertos a compartir sus pesares, con el corazón hambriento de paz. Pero en esa cultura no había caminos para encontrar la paz. Durante muchos años nadie estuvo lo suficientemente cómodo conmigo como para explicar cómo funcionaba el método de sacrificio selectivo de la población de niños no deseados.

Dije que quería conocer a cada uno de los niños de PC#3 para entender la fuente de su ira y aplacarla. Los dolores fueron enormes. ¿Alguna vez has tenido tanta hambre que has gritado pidiendo alivio y, cuando nadie vino, has robado la comida de otra persona? ¿Y cuándo esa persona te ha gritado y te ha agarrado para arrebatarte la comida, le has golpeado hasta la muerte para detener el ruido y evitar que los cuidadores vinieran y le devolvieran la comida a la persona a la que se la habías quitado? ¿Te han dejado al cuidado de alguien que, al ver lo que le habías hecho a la persona más pequeña, te ha golpeado en represalia, solo que no hasta la muerte porque podría perder su trabajo si se descubrieran sus acciones?

¿Alguna vez has deseado con tanta intensidad la atención o un abrazo que has gritado para llamar la atención de cualquiera que se acercara y, cuando lo hacía, te aferrabas a su pierna y no la soltabas hasta que te daba una bofetada, te levantaba y te lanzaba por los aires hasta tu cuna?

En esos primeros años, solo recibí destellos oblicuos de los terrores que experimentaban los niños. Como no podían decirme qué les había sucedido, y yo todavía era un visitante, volvía a casa frustrado e irritado como lo había hecho después de mi primera visita a Zúrich.

Algunos de los niños tenían una dignidad inusual. Tenían una madurez que les permitía perdonarnos. Estos niños pensaban primero en los demás. En lugar de arrebatar un regalo o algo de comida y huir con él, se lo ofrecían a los demás, luego sonreían y nos agradecían que lo trajéramos. Este comportamiento era muy inusual.

Andrea y Nicoletta eran dos jóvenes excepcionales. Vivían en la Casa de Laura bajo el cuidado de la Fundación Osana, una entidad sin ánimo de lucro que Adi puso en marcha con una fundación finlandesa. Probablemente tenían doce años. Su madre era mi amiga Daniela. Daniela se encargaba de cuidar a unos diez niños en la Casa de Laura. La llamaban Dana Banana porque les traía plátanos. Fue Dani quien me llamó durante una visita en febrero de 1999 y me preguntó si me gustaría visitar a Nicoletta en el hospital. Había pasado del VIH al sida y se estaba muriendo.

Mientras conducíamos hacia el hospital de enfermedades infecciosas, Dani me contó que Andrea había pasado días y noches en la sala de hospital cuidando a su amiga. Cuando llegamos, Andrea le estaba dando trocitos de hielo a Nico. Las dos chicas estaban muy compenetradas y querían hablar un poco sobre cómo se las estaban arreglando. Dani tradujo para mí. Las enfermeras nos dejaron a solas. Nico estaba en las etapas avanzadas de la enfermedad y no podía doblar los brazos para comer. Tenía los labios y la boca cubiertos de llagas, por lo que comer y beber no resultaba atractivo. Tratar de sostener un vaso era demasiado difícil para ella sola, así que Andrea le dio pedacitos de hielo y le dio de comer con cuchara la poca sopa que Nico pudo tragar. Dormir también era difícil. Ella sonrió mientras nos contaba todo esto. Nunca se quejaron, querían saber cómo estábamos nosotros.

Nico me había hecho un dibujo con lápices de colores. En él, un sol brillaba sobre dos mariposas, una roja y otra amarilla, que revoloteaban sobre la hierba verde y las flores de colores azul, rojo y naranja. En él había escrito: "Nicoletta pentru, Hud" (*De Nicoletta, para Hud*). Murió el 8 de febrero de 1999. Dado su dolor, no sé cómo logró hacer ese dibujo. Tal vez Andrea lo dibujó para ella. En algún momento, preguntaré.

El hospital de enfermedades infecciosas era un lugar oscuro y amenazador, un edificio de aspecto triste que se erguía solo en una esquina de la calle cerca de la estación de tren. Siempre parecía un gran corazón negro, y cada vez que lo miraba, sentía pavor. Nadie reconocerá el número, pero es probable que cientos de niños moribundos hayan vivido allí. Tenía una fascinación sensible con las imágenes de sufrimiento que veía cuando buscaba en sus pasillos, con la esperanza de ser sal y luz para los pacientes y para el personal con el que me encontraba. Pero el cinismo de los médicos y enfermeras que trabajaban allí era contagioso. Era un lugar siniestro y terrible.

Actuando en forma inocente, pude moverme libremente por el hospital. La caseta del guardia en la entrada de la calle estaba justo dentro de la puerta principal. En realidad, tenía uno de esos postes horizontales de madera pintados con rayas rojas y blancas como los que se ven en las películas de guerra, y estaba custodiada por soldados con rifles AK-47. Los visitantes y contratistas ofrecían pequeños favores a los soldados a cambio de acceso a los pacientes. Me convertí en una figura familiar para los guardias, que me habían visto en visitas anteriores con los médicos y enfermeras, y me echaban una rápida mirada, a veces un gesto de asentimiento y una sonrisa cuando pasaba corriendo junto a ellos y subía la escalera hasta el cuarto piso, donde estaban los pabellones de pediatría. Podrían haber pensado que tenía algún tipo pase libre expedido por los médicos y la jefa de enfermeras.

Un día conocí a Sefa, la enfermera responsable del pabellón de pediatría. Tenía una gran voz y la reputación de ser una tirana. El personal médico decía que era dura, incluso cruel, y me contaron que dirigía el pabellón con una eficiencia brutal.

Las enfermeras y sus asistentes le temían. Al igual que los demás, yo también la percibía como una persona brusca y estridente. Sin embargo, cada vez que nos reuníamos, ella compartía conmigo sus experiencias de trabajo en el hospital. Vi una oportunidad y me propuse llevarle pequeñas cajas de chocolates en mis visitas al hospital.

En el sistema de salud rumano, triunfó la eficiencia sobre la compasión, y Sefa era eficiente. Si nos sentábamos demasiado tiempo en su oficina, el personal escéptico lo notaría, por lo que decidimos caminar juntos por la sala mientras ella hablaba y yo hacía preguntas. Hablaba un poco de inglés y pudimos entendernos. Mientras caminábamos, recordaba el sufrimiento y la muerte de tantos niños. Era evidente para mí que había sufrido por haber estado atrapada en un lugar de trabajo que no permitía la compasión.

Como de costumbre, en la cena con Adi y su familia, les conté mis historias sobre el hospital. Una noche me dijeron cortésmente que el verdadero nombre de Sefa no era Sefa, sino otra cosa. Sefa es la forma femenina de jefe en rumano.

Un día, en lugar de saludarme con los besos de costumbre en ambas mejillas, Sefa me tomó del brazo y me hizo girar hacia su oficina, invitándome a sentarme en una silla. Habló con una suavidad inusual.

"¿Qué se supone que debo decirles?". Era más una súplica que una pregunta.

"¿Quiénes son?", pregunté.

"Abre la puerta y mira con cuidado para que no te vean. ¿Ves a esa pareja sentada en el banco con la niña entre ellos?".

En el vestíbulo había una pareja joven con su hija. Se sentaron pacientemente en un banco, con la espalda apoyada en la pared. Su semblante era estoico. Habían venido a recibir el diagnóstico de Sefa sobre la salud de su hija.

Asentí y volví a preguntar: "¿Quiénes son?".

Ella me dijo: "Ya no puedo seguir así. Conozco a estas personas. La madre es pediatra y fue una compañera mía aquí en la sala. Su hija recibió una vacuna contaminada y ahora es portadora del VIH. No puedo soportar decírselo. ¿Cuántas veces más tengo que hacer esto?". Sefa tomó mis manos entre las suyas y rompió a llorar.

Yo tampoco tenía respuestas.

Continué reuniéndome con Sefa en mis siguientes visitas al hospital. Me permitía ir a cualquier parte del hospital que quisiera. Visité los pabellones de hospitalización, las salas de espera y las zonas de tratamiento. Con el tiempo, construyó un patio de recreo para los niños de los pabellones que estaban lo suficientemente bien como para salir al aire libre. Estaba muy orgullosa de ello. Y luego se fue. No tenía ni idea de a dónde ni por qué. Le pregunté a Adi si podía visitarla en su casa, pero nunca sucedió. Había una historia entre ellos que no terminaba de encajar. Mi perspectiva me permitió verla bajo una luz diferente. Para mí, que era un extraño, resultó fácil ser el oído atento que ella necesitaba para expresar sus arrepentimientos y tristezas sin temor a ser juzgada.

Seguí visitando el hospital. Durante una visita a la sala de pediatría, entré y vi a un niño acostado en una camilla en el centro de la habitación. Parecía tener entre ocho y nueve años. Tenía el pelo castaño y los ojos color café. Me llamó la atención que estaba sujeto con tiras de tela de una sábana rota en las muñecas y los tobillos. La camilla no tenía laterales, por lo que, sin las ataduras, habría rodado por el suelo y se habría sacado las sondas intravenosas. Hacía un calor sofocante en la habitación, lo que podría explicar por qué estaba vestido solo con un pañal.

El suelo era de un vinilo descolorido y arenoso que se enrollaba a lo largo de los bordes de las paredes en algunos lugares. Aquí y allá, faltaban azulejos en las paredes. La vista del niño pequeño, el olor a orinales sin vaciar y las camas sucias de niños desatendidos contribuían a la tristeza del lugar. Las ventanas estaban cerradas y las moscas zumbaban perezosamente en la quietud. Fuera de la habitación, las enfermeras fumaban y charlaban en las mesas del pasillo.

Había botellas de soluciones colgando sobre él. Lo estaban alimentando por vía intravenosa con agujas de gran tamaño, más adecuadas para adultos. Su cabeza se volvía hacia otro lado y no hacia la puerta, yacía despierto, perdido en su propio mundo, completamente solo. Su abdomen estaba tan distendido que parecía una mujer embarazada.

Una enfermera que me conocía captó mi mirada inquisitiva y respondió: "Es hepatitis, no te oye. Es sordo y mudo por encefalitis". Eso explicaba el pañal. Como los demás niños de la sala, estaba prisionero en su camilla. El pañal se cambiaba según un horario, no necesariamente cuando hacía falta.

Un niño pequeño con VIH, hepatitis y síntomas típicos de encefalitis sufría las consecuencias de las tres enfermedades. Me acerqué al chico, pero él estaba de espaldas, como si no se diera cuenta de que había nadie más a su alrededor porque no quería estar al tanto de nosotros. "Ah, está en la niebla", pensé. "Fresco, seguro, escapando del dolor del aislamiento y el abandono. No hay forma de llegar a él".

"¿Dónde están sus padres?", le pregunté a la enfermera. "Está solo", respondió. "No saben dónde está. Tiene VIH. Ahora lo cuida el Estado".

Me incliné y puse mi cara cerca de la suya; soplé mi aliento sobre su mejilla derecha. Volvió la cabeza hacia mí y nuestros ojos se encontraron. Le susurré: "Te amo. Eso es todo lo que puedo hacer por ti ahora". No me detuve a pensar si podría entenderme; no estaba pensando prácticamente. Por el momento, no estaba solo en la tela gris; había alguien allí para verlo. ¿Quién?

Te amo. Eso es todo lo que puedo hacer por ti ahora. Las palabras resonaron en mi cabeza y, en ese instante, mi conciencia retrocedió ante la promesa que acababa de hacer. La claridad de la promesa y el hecho de haberla hecho sin dudarlo me asustó. Se estaba haciendo una promesa a un niño moribundo de que el alivio llegaría a él y a los niños de PC#3, pero no fueron mis palabras, sino unas palabras dichas con ternura, amor, entrega y fortaleza. ¿De dónde vinieron?

En la fracción de un instante, mi conciencia le reprochó a mi alma: *"¡Eso es presuntuoso de tu parte!"*. Pero la voz de mi alma respondió: *Tú también me has oído decir 'Te amo'. Ese amor es real y proviene de Mí; es eterno. Recibiré a ese niño dentro de unos días y, en el futuro, Mi amor se manifestará a los demás a través de ti. Vete ahora y quédate en paz.*

El Espíritu había hecho dos promesas ese día: una para el niño y otra para mí. *Muy pronto estaré allí para darte la bienvenida al reino, pequeño, y en el futuro, Hud, estaré contigo cuando regreses para ayudar a los demás.* Por ahora, eso es todo lo que puedo hacer por cualquiera de ustedes. Al igual que el niño, no estaba solo en el hospital. El pueblo de Abraham creía que llevaban a Yahvé con ellos en el Arca. Luego, en un pacto nuevo y más personal, su Hijo prometió que llevaríamos su presencia en nuestros corazones. Si le escuchamos, haremos cosas aún mayores en su nombre, por la fe.

Es algo sorprendente cuando lo estudiamos en nuestros catecismos, pero es aún más sorprendente cuando Él se revela y vemos cómo obra a través de nosotros.

Ahora, cuando pasamos por el hospital de enfermedades infecciosas, le echo un vistazo, pero eso es todo lo que me permito distraerme de la agenda en ese momento. Para mí, allí transcurrieron algunos momentos muy sagrados y, de vez en cuando, afloran los recuerdos. Pero no reflexiono abiertamente sobre ellos con las personas con las que estoy, o más bien no escribo sobre ellos, porque son personales.

Eso es todo lo que puedo hacer por ahora.

CAPÍTULO 12

Construir tiendas de campana con el pueblo de Jesús

Allí se encontró con un judío que se llamaba Aquila...

quien acababa de llegar de Italia con Priscila su mujer...

y como él era del mismo oficio, se quedó con ellos y trabajaban juntos,

pues el oficio de ellos era hacer tiendas de campaña.

—Hechos 18:2-3

Fue durante el tercer viaje que hice en 1993 cuando comencé a aprender más sobre la vida y las prácticas de mi amigo Adi. Tenía la esperanza de estrechar nuestra relación porque necesitaba sus servicios para la agenda que tenía. El trabajo que tenía para él era dirigir la vida del personal y los residentes de PC#3, y yo lo apoyaría. Por supuesto, la intención de Adi era diferente. Me veía como la fuerza impulsora detrás de la renovación de PC#3, pero ninguno de los dos podía revelar su agenda al otro porque eran objetivos demasiado lejanos. Teníamos que esperar.

"Es cierto. Arreglamos nuestras relaciones con fines de conveniencia mutua", diría Adi varios años después. "Los amigos son amigos por una temporada y cuando esa temporada o necesidad termina, la amistad termina".

Era cierto, tenía una razón para entablar amistad con él. Tuve otras relaciones convenientes con fines egoístas, y cuando esos servicios ya no fueron necesarias, la relación terminó. Adi también, todos lo hacemos. Pero también tengo relaciones de por vida con amigos a los que atesoro, y con los que he pasado muchas temporadas. Así que varios años más tarde, después de que PC#3 se convirtiera en la Casa Vida Nueva (Casa Viata Noua en rumano o simplemente CVN), y Adi me dijo que nuestra amistad había llegado a su fin, pues consideraba que había tenido su temporada, le dije: "Eso puede ser cierto para ti, pero no lo es para mí. Te lo advierto ahora: en algún momento en el futuro, cuando mires hacia atrás y veas qué te persigue, seré yo. No voy a ninguna parte". Pensé que se estaba protegiendo (de ahí la franqueza).

Fue también en este tercer viaje cuando conocí a otro de los muchos buscadores que vinieron a Constanza en busca de mi amigo. Me sorprendió cómo se enteraba la gente de él. Entonces no había sitios web y, de todos modos, él no habría publicado uno. ¿Qué habría dicho? *Adi solía decir: "Busca primero el reino y te conectaré con la gente que tiene la llave".* Todo se transmitió de boca en boca. Adi fue buscado por empresarios evangélicos y evangelistas, así como por empresarios serios que buscaban oportunidades comerciales. Tenía reputación de ser un hombre que podía hacer las cosas y hacer conexiones, así que, a pesar de que nunca había salido del país, sino una vez para vernos, su red de conocidos era internacional.

El Buscador fue uno de esos hombres que vinieron tras la ayuda de Adi. Llegó en representación de los intereses comerciales de Jesus People USA (JPUSA). Con sede en Chicago, estos autodeclarados hippies con adicciones, en su mayor parte, se cortaron el pelo, se deshicieron de las drogas y se unieron en torno a un estilo de vida cristiano de apoyo mutuo basado en el modelo de la iglesia primitiva descrito en Hechos de los Apóstoles. Nunca hubiéramos imaginado que la abogacía de uno de sus miembros nos llevaría a ver cómo PC#3 podría transformarse y convertirse en la Casa Vida Nueva. Fue mientras Jesus People USA realizaba su debida diligencia en la empresa propuesta que la misma persona, que al principio era el escéptico más vehemente y se oponía a cualquier asociación de JPUSA con Adi en un negocio de suministros para la construcción, vino posteriormente a vivir a Constanza como el mayor defensor de la iniciativa.

Jesus People USA fue una comunidad que transformó a los niños de la calle, privados de derechos y sin padres, que sobrevivieron a los años sesenta en una familia comunal en el lado norte de Chicago. Estos niños podrían haberse encontrado en Haight-Ashbury o en otros barrios de la ciudad durante la Era de Acuario: dondequiera que la gente de la calle encontrara una necesidad compartida. Eran, en efecto, niños privados de sus derechos y de sus familias que habían encontrado a Jesús. La mayoría se había recuperado de algún tipo de abuso de sustancias y en sus aflicciones mutuas, formaron intuitivamente su propia gran familia extendida para reemplazar lo que habían perdido o nunca habían tenido.

Jesus People USA podría describirse fácilmente como uno de los mejores intentos que he visto para replicar la iglesia de la que se habla en Hechos del Nuevo Testamento. Eran creyentes en Jesús. Su comunidad fue un intento serio de una sociedad igualitaria-evangélica-socialista. Para mantenerse a sí mismos, comenzaron un negocio de contratación general, construyendo gabinetes y creando negocios mayoristas de suministros eléctricos para la construcción. Con fondos que excedían sus gastos de manutención, albergaron y alimentaron a las personas sin hogar y operaron programas de recuperación de drogas y alcohol. Visité algunos de sus proyectos y quedé impresionado. Siempre que fue posible, algunos de los que experimentaron recuperaciones exitosas en sus programas encontraron trabajo en los diversos negocios de Jesus People USA.

El Buscador había viajado a Rumania en 1993 en busca de una fuente menos costosa de paneles de yeso. En cambio, encontró una oportunidad de inversión en la visión de Adi de crear un negocio mayorista de suministro y contratación para la construcción. Adi quería un negocio que estuviera listo para suministrar materiales a los numerosos proyectos de construcción que surgían en la Rumania posrevolucionaria. Adi necesitaba capital inicial para cubrir los gastos operativos hasta que los ingresos de su empresa le permitieran pagar sus préstamos. Lo que el Buscador y Jesus People USA necesitaban eran mayores ganancias para apoyar a su comunidad, pero tampoco tenían el capital inicial para iniciar más negocios. Entonces, en febrero de 1994, el Buscador le pidió a Adi que visitara Chicago porque Jesus People USA había encontrado un inversionista.

Adi me llamó para contarme todo esto. Me preguntó si vendría a Chicago para ayudarlo a evaluar a los de Jesus People USA que lo estaban evaluando a él, y acepté. Nos recibió en Chicago un antiguo miembro de la Iglesia Bautista de Constanza. Este hombre había mudado a su familia de Constanza. Adi había sido el líder de su grupo de jóvenes en la iglesia. Este amigo tenía un automóvil, algo que la mayoría de los miembros del Pueblo de Jesús no tenían, y nos llevó a la residencia comunal del grupo. La comunidad vivía en un hotel que habían comprado tras este declararse en bancarrota, y durante dos días y dos noches estuvimos con ellos en el edificio de su familia extendida.

Visitamos sus negocios, comimos en el comedor comunal, recorrimos sus proyectos de extensión y recuperación y conocimos a sus líderes. Bob y su esposa fueron nuestros anfitriones. Vivían en una serie de habitaciones que les habían asignado por tener tres hijos. Otros disponían de más o menos espacio en función de sus necesidades. Bob tenía un papel de liderazgo en la comunidad; realizaba las gestiones necesarias para posibles empresas comerciales. Bob es muy inteligente. Es una persona amable, de hablar suave y reflexivo. Pasé la mayor parte de la primera noche con él hablando de su matrimonio. Le expliqué cómo era para mí vivir mi vida como cristiano fuera de un lugar como el suyo: en una casa, con una familia tradicional.

Con cientos de personas viviendo juntas en un edificio como una gran familia extendida, es natural que surjan diferencias de opinión sobre cómo se distribuyen los privilegios. Para decidir estos asuntos, un comité de líderes buscaba un consenso y las partes debían vivir con lo que el comité decidiera que era equitativo.

Mientras estuve allí, un comité más pequeño asistió a una cena de espaguetis ofrecida por un empresario en su casa en el centro de Chicago. Adi y yo asistimos con Bob, el Buscador y otro hombre. El empresario iba a invertir en Jesus People USA para este proyecto. Quería evaluar las intenciones de Adi para el negocio y explicar sus propias condiciones para hacer realidad la oportunidad rumana.

Yo estaba a favor de la operación porque Adi necesitaba el capital inicial. Bob no estaba de acuerdo y lo expresó con vehemencia. De camino a la cena, Adi y yo escuchamos la conversación entre los directores de JPUSA. Bob veía la empresa como una quimera. No había estado en Rumania y no conocía a Adi. Bob, con razón, sentía que Jesus People USA no tenía experiencia comercial en Rumania, necesitarían un auditor, pero tenía que ser alguien de Jesus People USA con una visión objetiva de la empresa que pudiera viajar periódicamente a Constanza para realizar la auditoría. Cuando el negocio comenzara, esa persona probablemente sería el Buscador, porque tenía privilegios de viaje, algo de lo que solo disfrutaban unos pocos miembros de la comunidad. Bob pensó que era poco probable que, después de iniciarse la empresa, el Buscador se apresurara a desmontar o corregir el curso de algo que había originado si el negocio fallaba o corría el riesgo de corrupción. Sabía por una conversación anterior con Bob que solo unos pocos de la comunidad Jesus People USA tenían los privilegios de viajar por Europa y mejores circunstancias de vida familiar. Por tanto, desde el principio, las opiniones sobre la empresa rumana estuvieron condicionadas por prejuicios.

Esa noche, durante la cena, el empresario le dio a Adi y a Jesus People USA 200 000 dólares para iniciar su negocio en Constanza, con la condición de que las ganancias netas se destinarían a financiar proyectos para atender las necesidades de los pobres de Constanza. No quería que le devolvieran el dinero.

Debido a que Bob se oponía tanto a la idea de que Jesus People USA se embarcara en una empresa comercial rumana, en el otoño de 1994 se le animó a viajar a Constanza para que viera las posibilidades por sí mismo. Mientras estuvo allí, Adi lo llevó a un orfanato. El alma de Bob volvió a renacer. Regresó a Chicago convencido de que Jesus People USA necesitaba tener presencia en Constanza y de que un miembro de la comunidad debía residir allí para ayudar a Adi a poner en marcha el negocio. Ese miembro tendría que permanecer allí durante al menos dos años y habría que auditarlo para evitar abusos y mantener la visión clara. Así fue como Bob, su esposa y sus tres hijos se mudaron a su propio departamento en Constanza para encontrar trabajo con Adi. En mayo de 1995, NARCOM (Nehemiah American Romanian Company) realizó su primera venta.

Bob había tenido el mismo encuentro que yo en PC#3. Encontró a Jesús entre los más pequeños de los más pequeños mirándolo y buscando su compañía en la Casa Esperanza, en Constanza, Rumania.

CAPÍTULO 13

Marolen comparte su luz

Porque antes ustedes eran tinieblas,
pero ahora son luz en el Señor; anden como hijos de luz.

—Efesios 5:8

Para octubre de 1996, Bob y su mujer habían dejado atrás su antigua comunidad Jesus People USA y se establecieron en su nueva vida de independencia como familia soberana. Pero su nueva vida también incluía a otras personas, en su mayoría miembros de una creciente comunidad de expatriados estadounidenses y otras personas que habían llegado con una carga única a Rumania. Era como si alguien hubiera hecho un agujero en una burbuja y creado un vacío que absorbió a personas de todo el mundo, la mayoría de los Estados Unidos. Todos ellos habían visto algo en Rumania que necesitaban tocar. Las duras necesidades de Rumania, expuestas para que el mundo las viera después de la revolución, atrajeron como un imán a evangélicos y a otras personas con alma caritativa. Las personas que conocí y sus causas eran tan variadas como las regiones de las que procedían: Texas, Delaware, las Carolinas, Arizona, Illinois y California, por nombrar solo algunas. Todos ellos, sin excepción, sintieron un llamado a estar allí. Yo también tenía una causa, pero seguía al margen observándolos. Todavía no podía entender cómo manejar un problema tan grande como PC#3.

La experiencia rumana de Bob y su familia fue su primer contacto con la vida adulta fuera de la comunidad Jesus People USA, y cada uno de ellos encendió una luz de conciencia diferente. A su mujer le encantaba explorar la cultura de Constanza. La luz de Bob se dirigía naturalmente a los niños de los orfanatos. Durante más o menos un año desde que llegué a Constanza, cada vez que regresaba de visita, Bob me pedía en voz baja que fuera con él a ver un lugar llamado Casa Esperanza, pero siempre lo rechazaba, me concentraba en PC#3. Bob había visto PC#3, pero su aversión a la confrontación lo llevó a la convicción de que los niños de PC#3 estaban perdidos y eran irrecuperables. El hospital de enfermedades infecciosas ejercía un control demasiado fuerte sobre su atención. Pero esta vez, el amable Bob se mostró inflexible. "¡Tienes que venir conmigo a ver Casa Esperanza y conocer a Marolen!".

Casa Esperanza fue construida por un expatriado estadounidense. Marolen había llegado a Constanza a principios de los noventa, bajo contrato con una agencia de ayuda estadounidense, y se había enamorado de un grupo de niños. Cuando expiró su contrato, Marolen decidió quedarse en Constanza para guiar sus vidas. No podía soportar lo que preveía para su futuro cuando su fundación patrocinadora retiró su apoyo financiero.

¡Marolen tenía agallas! Estos niños también eran seropositivos. En aquel entonces, el VIH no se entendía bien y era peligroso estar cerca de los niños cuando se ponían agresivos. Si hubiera sufrido un pinchazo con una aguja, si un niño la hubiera mordido o arañado, habría tenido que abandonar el país para recibir una inyección de AZT, que habría llegado demasiado tarde. Permanecer en los hospitales de Constanza era y sigue siendo una práctica arriesgada.

Marolen era una fuerza de la naturaleza, rubia, con anteojos, un fuerte acento del este de Texas y una propensión a fumar cigarrillos rumanos. Como haría siempre, cuando Marolen nos vio acercarnos por el camino que conducía a su edificio, nos recibió en la puerta principal con su asistente rumana y nos condujo a una oficina llena de papeles y documentos.

Me explicó que se había ofrecido como voluntaria para trabajar en Rumania en una organización no gubernamental (ONG) estadounidense después de ver un reportaje en 20/20. Nos enseñó el edificio como cualquier madre enseña su casa. Su objetivo era eliminar el carácter institucional de la vida de sus niños. Quería que cada uno de ellos tuviera su propia identidad, por lo que se aseguró de que tuvieran juguetes, ropa y camas.

Para manejar la ira que los niños expresarían después de que se levantara el abuso, los había dividido en familias, pequeños grupos de cuatro o cinco niños, cada grupo con dos cuidadoras llamadas mamás. Las mamás estaban con los niños en sus respectivas familias las 24 horas del día, los siete días de la semana. Hacían todo juntos como una familia. También hacían viajes en familia. Un cocinero preparaba la comida y las mamás iban a la cocina a recogerla y se la llevaban a sus familias. Comían juntos en su propia habitación como lo hacen las familias, no como los internos de una institución.

Marolen había fundado una escuela Montessori, que esperaba que enseñara la autosuficiencia y el respeto mutuo tanto a las mamás como a los niños. Y si alguna vez estallaba una ira incontrolable, o si una madre estaba estresada hasta el punto de perder los estribos, acudían a las otras mamás de la casa en busca de ayuda en lugar de sucumbir a las tácticas del trastorno reactivo del apego (RAD, por sus siglas en inglés) de los niños. Golpear a un niño haría que un miembro del personal fuera despedido de inmediato. Había que desaprender el tipo de estimulación malsana que había dañado a los niños si se quería que su individuación comenzara de nuevo con alguna esperanza de éxito. Los despojos humanos olvidados y sin nombre encontrarían dignidad y amor antes de morir.

El ingenio de Marolen era asombroso. Empezó Casa Esperanza con nada. Para mantener a los niños por encima del nivel mínimo de subsistencia, tuvo que buscar recursos y productos básicos en los estantes vacíos de las tiendas rumanas. Si necesitaba más alimentos, medicinas o ropa para satisfacer las necesidades de una familia en crecimiento, solo tenía dos cosas: su esperanza y su ambición. Ella formó a las madres, consoló a los niños y les proporcionó atención médica adicional, y engatusó al sistema de salud rumano para que le diera más de todo.

Mientras recorríamos su casa, me sorprendí al ver objetos que parecían fuera de lugar en un centro de residencia y cuidado para niños enfermos y abandonados. Había testimonios y cartas de agradecimiento de marines, la Marina y otras ramas del servicio militar estadounidense. Había parches de escuadrones y nombres de barcos de la Marina de los Estados Unidos, junto con fotos de militares estadounidenses. La fuerte presencia militar resultaba incongruente con un refugio para niños en una calle secundaria de un lugar apartado.

"Marolen, ¿quiénes son todos estos militares?".

"Oh, ellos me ayudan. ¡Son mis socios! Me ayudan a cuidar a estos niños".

"¿Cómo te encontraron?", le pregunté.

"¡Oh, yo los encontré!".

Me dijo que los soldados y marineros eran personal de la flota mediterránea de Estados Unidos. Nunca habrían encontrado su lugar mientras estaban de permiso en tierra, así que, desesperada, fue a buscarlos.

Marolen había bajado al puerto de Constanza cuando llegaban los barcos de la flota estadounidense. Se paró en los muelles ondeando una bandera estadounidense y gritó a los marineros a bordo de sus barcos. "Hola, chicos, soy estadounidense. Tengo un lugar aquí con un grupo de huérfanos rumanos. ¡Están enfermos y hambrientos, y necesito tu ayuda! Finalmente, después de convencer a algunos grupos de la costa para que vinieran a ver por qué estaba gritando, el goteo se convirtió en una misión rutinaria de apoyo.

Como la mayoría de los estadounidenses, regresaron repetidamente y se ofrecieron como voluntarios para ayudar en lo que hiciera falta. Los marineros e infantes de marina traían cosas que necesitaba la casa y hacían donaciones de alimentos y dinero en efectivo. Se desarrollaron amplias relaciones que, eventualmente, ascendieron en la cadena de mando estadounidense hasta el agregado naval de Estados Unidos en Rumania. No sé con certeza cómo lo conoció, pero era su trabajo informar a sus superiores sobre las actividades estadounidenses en Rumania. Se enteró del trabajo de Marolen en Casa Esperanza a través de los oficiales de la flota y se convirtió en un poderoso defensor no solo de Marolen, sino también de los propios huérfanos. Siguió las actividades de PC#3 y también de otras ONG.

En esta primera visita, observé y escuché a Marolen. Estaba midiendo su temperatura emocional. Había sido madre y protectora de sus frágiles niños durante cuatro años, y había sobrevivido manteniendo una existencia básica. Si se le acababa la comida, la ropa o las medicinas, tenía que ir a buscarlos. Su círculo de amigos era reducido, en su mayoría eran madres rumanas a las que se sumaban visitas ocasionales de personal militar estadounidense. No había acceso a Internet entonces y, siendo una persona tenaz, minimizó sus propias necesidades. Había visto morir a muchos de sus niños, la mayoría de ellos de manera innecesaria. Era emocionalmente frágil y estaba agotada físicamente. En esta visita en particular, cuando su energía se agotó por completo, dejó de hablar y se quedó en silencio. Le pregunté: "Entonces, Marolen, ¿quién te escucha a ti?". De pie junto a mí, empezó a llorar y, durante varios minutos, la abracé mientras sollozaba. Como la mayoría de nosotros, Bob se vio implicado mientras estaba sentado entre los niños de Casa Esperanza. Amaba a Marolen y a su personal por su empatía y labor de defensa. Pero, sobre todo, amaba a los niños. Casa Esperanza podía ir bien, pero estaba pasando por dificultades. Bob quería ayudar más. Cincuenta dólares al mes habrían supuesto una gran diferencia. Me llevó allí porque quería que le diera apoyo financiero a Casa Esperanza. Desde su perspectiva de alcance comunitario de Jesus People USA, pude entender su motivación. El apoyo a Casa Esperanza sería una extensión de su alcance comunitario; no hacía falta crear nada nuevo. Eso le atraía, y Marolen lo necesitaba.

Marolen tenía una personalidad tan fuerte que la colaboración no era probable. Al asociarme con ella, no se habría añadido nada nuevo al sistema de apoyo del orfanato, y no quería que me apartaran de las necesidades de los niños de PC#3. Soy directivo. Nunca quise limitarme a firmar cheques. Quería originar el trabajo y luego hacerlo.

El hecho de que sus niños fueran seropositivos no era el enfoque de Marolen. Sentí lo mismo. Ella y yo sabíamos que casi todos los niños de PC#3 y de Casa Esperanza tenían VIH, pero esa no era nuestra única preocupación. Ser activista del VIH implica apegarse a una causa. Tenía una causa, una agenda, pero no quería limitarme a apoyar una causa. Quería reunir a los niños a mi alrededor y quererlos como si fueran míos. Ella sintió lo mismo. Antes de ver su modelo de Casa Esperanza de separar a los niños en pequeñas familias y presupuestar y dotar de personal en torno a ese modelo, no había podido imaginar cómo manejar la ira que expresarían los niños una vez que se destapara el abuso y la negligencia que habían sufrido.

Hay una cualidad egocéntrica y emprendedora en las personas que inician proyectos de ayuda humanitaria. Son líderes. Cualquiera que pueda ver una necesidad, tenga una visión de un resultado diferente y tenga la temeridad de seguir personalmente el proceso rara vez colabora. Yo aún no había encontrado esa visión ni había visto una misión para PC#3. Quería cambiar la vida de mis niños, pero no sabía cómo hacerlo. Ese día con Marolen y Bob en Casa Esperanza, tuve una revelación. Lo vi y me lancé de lleno.

CAPÍTULO 14

Vamos a tener que apoderarnos de ese lugar

El reino de los cielos es semejante a un tesoro escondido en el campo,

que al encontrarlo un hombre...de alegría por ello, va,

vende todo lo que tiene y compra aquel campo.

—Mateo 13:44

La puerta principal de PC#3 solía estar abierta, pero un día de octubre de 1996, estaba cerrada con llave. El clima comienza a enfriarse en octubre, por lo que la puerta cerrada tenía sentido, pero no la cerradura. Se estaba denegando el acceso al edificio.

Ahora bien, un mensaje tan contundente a este nivel de la dirección no fue una sorpresa. Las enfermeras y sus ayudantes habían estado revelando mi presencia al hacer comentarios en voz baja cada vez que estaba cerca últimamente, como si se estuvieran preguntando unos a otros: "¿Debería estar todavía aquí?". En una visita previa, la directora anterior me presentó a su reemplazo inminente y dijo que podía esperar una disminución del acceso a PC#3. La nueva directora era casi de mi estatura, segura de sí misma, y cuando traté de ser cordial con ella, no dio señales de tener interés en recibir ayuda o querer colaborar. La nueva directora tenía el comportamiento de una celadora, un papel extraño para una cuidadora de niños, mientras que su predecesora se había parecido más a la madre principal de un hogar infantil.

Llamamos a la puerta para llamar la atención del personal. Nuestra presencia llamó la atención de la nueva directora, quien respondió gritándonos desde detrás de la puerta. "¡No vuelvan aquí de nuevo! ¡Si lo hacen, llamaremos a la policía! Váyanse ahora. ¡No son bienvenidos! ¡Si no se van ahora, llamaremos a la policía!

Una celadora, de hecho. No me sorprendió. Había regresado esperando encontrar acceso o no acceso, y ahora sabía el resultado. Había llegado el momento que esperaba, y la elección de qué hacer a continuación era mía.

Ahora, hay que imaginar este escenario, como lo expresaría la madre imaginaria de uno de los niños que viven en PC#3.

Tú eres una madre y, por casualidad, te encuentras en la puerta de PC#3 con dos desconocidos: Adi y yo. No te interesan en absoluto los motivos por los que estamos allí. Estás allí porque hace unas semanas llamó una desconocida y, cuando escuchaste el motivo de su llamada, el impacto de sus palabras te dejó temblando. La persona que llamó te dijo que tu hija, a la que no has visto en cinco años, vive en el edificio en el que ahora te encuentras, al otro lado de la pesada puerta de acero que está cerrada con llave frente a ti.

Tal vez los dos hombres que están a tu lado sepan algo que tú no sabes. Tal vez puedan ayudarte a entrar en el edificio para ver a tu hija. Preguntas: "¿Qué es este lugar? ¿Por qué no me dejan entrar? Dijeron que mi bebé está ahí. Nos la quitaron hace cinco años. No sabíamos que algo andaba mal, pero cuando la llevé al médico, ella me dijo: "Necesitamos mantener a su hija más tiempo para observación". No tenía otra opción. Si no accedía a dejar que se la quedaran, dijo que se la llevarían de todos modos.

Volví para llevarla a casa, y fue entonces cuando el médico me dijo que mi bebé había muerto. Pero la persona que me llamó la semana pasada me dijo que no es cierto, que está viva. ¿Me están mintiendo todos, el médico y ahora esta gente? ¡Tengo que entrar allí para buscar a mi hija! ¿Pueden ayudarme, por favor?".

Tu hija, junto con otros cientos de niños, había sido infectada con el VIH por una vacuna contaminada poco después de nacer. La vacuna la administró un pediatra que también está amenazado con una degradación o reasignación si se atreve a cuestionar a los jefes de departamento. Para evitar ser culpables, esas mismas personas se llevaron a tu hija y, cinco años después, crees que puede estar viva. Es posible que hayas escuchado rumores sobre lo que les sucede a los niños en estos lugares, pero miraste hacia otro lado, no era tu problema, tu hija estaba muerta.

Ahora es posible que tu hija se haya mantenido en unas condiciones similares a las que describí. Tu hija, junto con los otros niños, tiene sarna, hambre y desnutrición, y el virus está acelerando su muerte por pérdida de peso. La ropa es intercambiable y no tiene género específico; solo tiene que encajar porque da igual si es niño o niña. Es posible que tu hija haya estado expuesta a pedófilos, tras pagar una tarifa al personal de la guardería que no le dijo al abusador que la niña tiene VIH. Tu hija tiene necesidades especiales por haber sido descuidada en la guardería. Pase lo que pase, tu hija morirá, pero morirá sola a menos que intervengas.

Tanto tu hija como tú son inocentes, pero no te dejarán entrar al edificio para consolarla. Quieres preguntar a las personas a cargo de su cuidado: "¿Qué clase de personas son ustedes para hacerle esto a mi hija?". Pero no te dejan entrar y, si insistes, te amenazan con llamar a la policía para que te lleve y te callen.

Tal vez esperabas una historia feliz, o tal vez yo la esperaba.

Me había ofrecido a trabajar en el país, pero mis patrocinadores del primer viaje no se mostraron interesados. Querían que organizara fiestas de cóctel para recaudar donativos. Habían suspendido su apoyo a PC#3 y querían a sus donantes para cubrir otras necesidades. Me ofrecí a ayudar al personal de PC#3, pero tampoco estaban interesados. Cuando regresé a Constanza para ver si alguien allí quería dar un paso adelante y ayudar, no esperaba encontrar antipatía o, peor aún, abierta hostilidad por ayudar a niños enfermos y moribundos. Al menos esperaba una ligera gratitud, pero se debía a que todavía no conocía lo suficiente la cultura y mis expectativas habían distorsionado mi forma de pensar.

Adi y yo caminamos de regreso a su auto para ordenar nuestros pensamientos. Después de que me amenazaran en la puerta y me mantuvieran alejado de los niños, me quedé allí sentado, furioso.

Mientras estaba en el auto de Adi, volví a sentir la misma furiosa indignación que había reprimido en Suiza. A menudo se nos impone la imagen de un Jesús manso que siempre busca la paz. ¿Paz? ¿En realidad? ¿Después de ver esto? Estos eran mis niños. No solo vi la imagen de Jesús arrojando las mesas de los cambistas en el templo de Jerusalén. Sentí Su ira contra los sacerdotes libertinos en el templo, los porteros que se interponían entre Dios y Sus hijos, aprovechándose de su corrupción y de la contaminación de un lugar santo. Me enfurecía que el personal del hospital profanara el lugar donde Cristo sufrió junto a los niños y permitiera que la gente pervirtiera la vida de aquellos inocentes. Las emociones que sentí ese día encendieron una terrible resolución de abrir la puerta principal de PC#3 y reunir a los niños a mi alrededor para decirles a cada uno de ellos: "Ven aquí. Ahora estás a salvo. Nunca te volverán a hacer eso".

Y, sin embargo, ¿de dónde vendría la gente para ayudarme a canalizar mi indignación y redimir las vidas de los niños en PC#3? Estaba de vuelta en la misma esquina. ¿Podría irme a casa y dejar la responsabilidad a los lugareños? Si una persona desafía la justicia de una situación, atan a esa persona con trámites burocráticos. Una vez escuché a un auditor de impuestos del gobierno decirle a mi amigo Adi: "Lo siento, Adi, pero el gobierno también debe comer. No trates de negarnos nuestra comida".

Sin embargo, incluso frente a estos obstáculos y frustraciones, en octubre de 1996 se produjeron varios puntos de inflexión. Por fin me habían expulsado del edificio. A partir de entonces, si quería tener acceso a los niños, tendría que ser como director, no como visitante. Había visitado la Casa Esperanza de Marolen. Reproduciría su modelo y transformaría el caos de PC#3 en un hogar. Con estos pensamientos en mente, regresé a mi casa de California, con la confianza de que seríamos guiados. Dios vendría y nos mostraría cómo hacerlo. Él me había llevado hasta aquí; Él continuaría y nos daría lo que necesitábamos para hacer lo que Él nos había llamado a hacer. Y así fue, empezando por la llamada que le hice a Adi.

"Sabes qué, Adi. Si alguna vez vamos a tener un impacto significativo en la vida de esos niños, tendremos que tomar ese lugar".

"Lo sé".

"¿Te das cuenta de lo que acabamos de decir?".

"Sí. Me temo que sí".

"De acuerdo. Ve si puedes organizar algunas reuniones con las personas adecuadas en el hospital, iré y veremos si podemos llegar a un acuerdo para adoptar ese lugar".

Cuando nos casamos, nos adentramos en lo desconocido. No

sabemos cómo será nuestra vida en común, ni cómo evolucionará, ni cuánto tiempo estaremos juntos.

Los socios en la misión se comprometen con la misma ambigüedad. Adi conocía Rumania mejor que yo, pero si se iba a replicar el modelo que Marolen tenía en Casa Esperanza, entonces necesitábamos los ojos de alguien que no hubiera visto la transformación de PC#3 a través de una lente rumana. El extranjero idealista le había propuesto matrimonio al realista local, y un tercer hilo nos unía para el trabajo que estaba por venir.

Quería más que nada en el mundo ser el responsable de un edificio repulsivo, porque había un tesoro escondido en su interior que nadie más parecía capaz de ver. Cuando nos rechazaron en la puerta principal, estaba dispuesto a mover cielo y tierra para reclamar lo que me pertenecía. Eso es lo que estamos llamados a hacer: aprender a hacer el bien, buscar la justicia, reprender a los despiadados, defender a los huérfanos e interceder por las viudas. No son palabras vacías ni la poesía de Isaías. Eran mis órdenes de marcha. A continuación, se tratan los asuntos que afectaron la dirección que Adi y yo tomamos para ganar terreno y, una vez que lo obtuvimos, llegó a ser conocido en todo el mundo como un tesoro olvidado.

CAPÍTULO 15

Déjalos ir

Si haces esto y Dios te lo manda, tú podrás resistir y
todo este pueblo por su parte irá en paz a su lugar.

—Éxodo 18:23

En mayo de 1997, regresé a Constanza para negociar con el hospital que me dieran la autoridad para cuidar a los niños de PC#3. Le había rogado a Dios que abriera los ojos a alguna figura de autoridad rumana para que viera el sufrimiento de los niños y quisiera ponerle fin, o al menos, que viera una oportunidad de sacar provecho de ello negociando una transferencia de autoridad y dándome la oportunidad de ponerle fin. Irónicamente, el primer día de nuestras negociaciones, me perdí la reunión. Estaba tan enfermo por la anticipación y el miedo a ser decepcionado que el estrés me abrumó. Estuve en la cama todo el día con síntomas similares a los de la gripe, que desaparecieron al instante cuando Bob y Adi me dijeron que los negociadores del hospital habían aceptado considerar seriamente nuestra propuesta.

"Tal vez no entendieron lo que busco", les dije. "¿Están seguros de que entendieron?". Durante las reuniones, Bob no había dicho mucho, pero de acuerdo con su carácter, personalidad y habilidades lingüísticas, Adi había dirigido la discusión. Adi y yo nos entendíamos porque él podía pensar en inglés. Cuando me interpretaba, me animaba a no intentar ser demasiado preciso. Nos reíamos uno del otro cuando comenzamos. "No te preocupes", me decía. "Di lo que tengas que decir. Les diré lo que necesitan escuchar".

Gracias al Espíritu y a nuestra intuición, podíamos escuchar los pensamientos de los demás, teniendo en cuenta el contexto y el momento de nuestras circunstancias, incluso cuando no estábamos juntos. Luego, ya fuera en persona o por teléfono nos preguntábamos: "¿Es eso lo que entendiste? ¿Es eso lo que viste? y avanzábamos al unísono.

Adi y yo queríamos el control de PC#3, pero no esperaba una voluntad tan evidente para hablar por parte del hospital. La propuesta que hice, y que pretendía mantener, suponía una clara desviación de lo que otras agencias extranjeras que querían tener acceso a los niños habían ofrecido en el pasado. No se trataba de renovar el edificio PC#3 y devolvérselos después de algunos años. Y no aceptaría modificar el protocolo del hospital para gestionar las condiciones de vida de los niños mientras trabajara con los empleados del hospital.

Mi oferta era diferente por dos razones. En primer lugar, les pedí que renunciaran por completo a su responsabilidad de cuidar a los niños en PC#3 y, en segundo lugar, administraría su atención y pagaría por ella hasta que la necesidad ya no existiera, sin ninguna interferencia por parte de la administración del hospital o de la doctora. Para que quede claro, quería autoridad total para administrar y pagar el cuidado a largo plazo de los niños. En nuestra propuesta, definimos la duración de nuestro servicio como perpetua o hasta que dejara de ser necesaria.

Ya dije que PC#3 era un edificio ruinoso, prácticamente

inhabitable, y que los niños que vivían en él necesitaban más atención. Mi intención era renovar el edificio para hacerlo cómodo, habitable y funcional para el personal. Empezaría por lo básico y, a medida que el edificio fuera utilizable, iría ascendiendo en la jerarquía de necesidades en lo referente a alimentación, ropa, higiene, educación y crianza. Tenía la intención de despedir a los abusadores y a los miembros indiferentes del personal. El nuevo personal de cuidadores necesitaría capacitación y apoyo. El cuidado de ellos también era fundamental, ya que serían quienes soportarían la peor parte de la ira de los niños después de que se levantara el abuso y la negligencia que los controlaba.

Al final de un largo y caluroso día ese verano, Adi y yo estábamos en su departamento, sentados uno al lado del otro en su sofá. Me escuchó mientras me desahogaba: "Esto está tomando demasiado tiempo, Adi. ¡La doctora está jugando! Ayer, en el viaje en autobús a Cernavodá, donde nos mostró otro de sus hogares grupales, me dijo que el lenguaje del borrador reciente estaba bien y que tomar el control era algo bueno. Hoy nos dice que no es posible llegar a un acuerdo porque el Estado no puede arrendar uno de sus edificios a una entidad extranjera ni permitir que lo gestione. Hoy dice que necesita la aprobación del gobierno y no sabe a quién acudir ni qué hacer para iniciar el proceso. Ella sabía esto antes de ayer, Adi, y esos niños están cada vez más enfermos y están empezando a morir. ¿Viste a Ribana (una niña de seis años)? Está realmente enferma. ¡No podemos esperar tanto!".

"Hud, tienes que entender una cosa. Has tirado una piedra enorme en un estanque pequeño".

"Adi, no se puede evitar. ¡Alguien aquí debe tener conciencia!".

"Hud, hace falta mucho tiempo para vivir en Rumania".

Como mencioné antes, vivir en Rumania tiene una desventaja opresiva, un peso que no se puede entender o, más bien, que no se comprende hasta que se pasa un tiempo allí. Incluso hoy en día, los rumanos utilizan este eufemismo autocrítico para describir cómo es vivir en su país, pero no los había oído utilizar esta expresión durante mis primeros viajes. Lo escuché por primera vez cuando Adi lo usó para ayudarnos a aliviar nuestra frustración con el tiempo que llevaba cerrar un acuerdo con la doctora. A los ciudadanos comunes les resultaba más fácil ceder que enfrentarse a los burócratas. Había experimentado la verdad de esta expresión en menor medida con los funcionarios de aduanas cuando llegué a Bucarest con regalos para los niños. También les gustaban los regalos y se esforzaban por hacer que fuera más fácil salir rápidamente del aeropuerto si recibían uno. Pero no había apreciado completamente cómo era vivir en Rumania hasta que Adi lo dijo en el contexto de nuestras negociaciones. Ahora me estaba afectando a mí también porque ya no era un visitante.

Había pensado que, durante las últimas semanas, las partes habían estado negociando de buena fe, pero, en realidad, estaba siendo testigo de un acto de teatro kabuki. El PC#3 no era algo que el hospital pudiera regalar simplemente. Los casos pediátricos estaban a cargo del jefe del departamento de medicina pediátrica del hospital de enfermedades infecciosas, pero el edificio en sí era propiedad del hospital. La doctora tenía sus propios presupuestos y los otros jefes de departamento del hospital tenían los suyos, por lo que los niños, como activos, estaban siendo utilizados como garantía cruzada por ambas partes para generar ingresos. Por lo tanto, desenredar y aislar esos flujos de ingresos era complicado y llevaría más tiempo a menos que aceptara subvencionar uno o ambos presupuestos a cambio de compartir la autoridad operativa. Eso significaba convertirme en un tercero en un acuerdo entre la doctora y el hospital, y pagarles a ambos, pero yo no estaba de acuerdo con ninguna de las dos opciones. La sencillez de mi propuesta radicaba en el hecho de saber de antemano qué pedirían.

Al llegar a este punto muerto en las negociaciones, mi otra idea para romper el atasco era tratar de encontrar una manera de pasar por alto a ambos, es decir, juntar al hospital y a la doctora y pasar por encima de ellos acudiendo a una autoridad superior. Tendría que presentar a la doctora y al hospital como una sola entidad, porque pasar por encima de ellos no los haría desaparecer. Tanto el hospital como la doctora tenían puntos conflictivos no negociables y Adi sabía cuáles eran, pero no quiso abordarlos conmigo. Durante nuestra amistad lo acepté como parte de la cultura y él hizo lo mismo conmigo. Rara vez le hago saber que yo sabía lo que él sabía. Fue entonces cuando comencé a darme cuenta de que nuestro peculiar etnocentrismo, tanto el suyo como el mío, estaba impulsando nuestras agendas individuales. Mismos objetivos, diferentes medios.

Para ver si el hospital y la doctora se llevaban bien, busqué informalmente acceso a los responsables de administración del hospital y los conocí antes de iniciar las negociaciones. Antes había preguntado: "¿Por qué Me tienes aquí?" y la respuesta del Señor fue que era Por las relaciones. Me enteré de que Bucarest no estaba reembolsando al hospital las camas que administraban, pero el gobierno le estaba pagando a la doctora una cantidad de dinero por sus casos, además de acumular fondos de subvenciones gracias a sus esfuerzos de investigación. La doctora, debido a su experiencia en enfermedades infecciosas pediátricas, atrajo la mayor parte de la atención de fuentes de donaciones extranjeras en Europa y Estados Unidos. Los donantes estaban ansiosos por estudiar y recopilar datos utilizando archivos controlados de casos pediátricos con VIH positivo. Fue la líder entre los demás jefes de departamento en la generación de apoyo financiero debido a la demanda de datos dentro de su campo de especialización.

Llegué a la conclusión de que tal vez la única manera de liberar el centro PC#3 de su control era explotar los celos profesionales entre ella y los jefes de departamento del hospital. No habría sido mi primer método de elección, porque para la salud a largo plazo de nuestro trabajo allí, el rencor y los celos entre las partes no serían una buena manera de iniciar una relación. Pero no quería una relación con ninguno de ellos, y una vez que estuviéramos en el lugar, si nos quedábamos el tiempo suficiente (como era mi intención) se retirarían y se llevarían su rencor con ellos. Esa estrategia y su resultado resultaron ser ciertos, pero el antagonismo era inevitable. Sin embargo, el momento elegido por Dios para la decisión fue perfecto

Salió a la luz la política de la situación gracias a mi paciencia en las negociaciones. Si la explotación de los niños por parte de la doctora fuera bien conocida, podría pasar por encima de su cabeza para obtener permiso para tomar PC#3 y evitar ser su socio. Para mantener el control, es posible que también ella haya estado hablando en nombre de los jefes de departamento del hospital y ofreciéndose a compartir los ingresos de sus subvenciones, aunque nunca lo supe. Se me consideraba arrogante por desafiar el statu quo.

Adi lo había dicho mejor: "Hud, has tirado una piedra enorme en un pequeño estanque".

Nunca tuve la intención de avergonzar a la administración del hospital, pero no reduciría mis acciones, aunque el subproducto de exponer la malversación y corregirla llevara a su deshonra. La doctora y el hospital parecían incapaces de verse a sí mismos como culpables. Lo que les ofrecía no les pareció una oferta para ayudarles a superar un fracaso. Simplemente lo vieron como una pérdida de ingresos por el número de camas pediátricas por las que se les pagaba y por los datos de investigación que generaban los niños. He intentado explicar lo radical que era nuestra propuesta, como si cualquier funcionario de un hospital con dos dedos de frente viera la sensatez de ceder una parte de su franquicia a un extraño, y además extranjero. Pero ser la parte culpable nunca les pasó por la cabeza.

Tras un par de semanas y algunas reuniones más que no condujeron a nada, se me acabó el tiempo, así que volé a casa sin alcanzar ningún acuerdo. Las negociaciones se habían prolongado hasta finales del verano. La doctora estaba ganando tiempo y esperaba que nuestra frustración nos llevara a asociarnos con su fundación. Mientras aceptaba los términos un día y los rechazaba al siguiente, los niños empeoraban. Sus condiciones se deterioraban tan rápidamente como se reducía el presupuesto del gobierno rumano para su apoyo. Pero ya no me importaba; ya no había buena voluntad que perder. Volé de regreso para ver si podía obtener ayuda de una importante ONG estadounidense en Bucarest.

El hombre con el que me reuní era el director nacional más reciente de la ONG. Con el fin de seguir siendo responsable con mi organización anfitriona, me acercaba a su oficina de Bucarest de camino a Constanza y saludaba a cada nuevo director. Al mantenerme cerca de ellos, aprendí cosas que me ayudaron a estar al tanto de los cambios en la política rumana. Este director fue el tercero que conocí y con el que más disfruté: era un buen tipo. Se comportaba de manera informal y era muy inteligente, por lo que podía ser menos formal en las reuniones con él que con sus predecesores, porque ambos queríamos aprender el uno del otro. Era más fácil estar cerca de él y era un mejor organizador que los demás, por lo que podría haber adivinado que sabía acerca de mis negociaciones en curso con el hospital y la doctora antes de yo llegar allí.

Le expliqué lo que quería hacer con PC#3, pero le conté que las negociaciones se habían estancado. No le estaba pidiendo apoyo financiero. Le dije que no tenía intención de avergonzar a nadie en el sistema, simplemente quería formar parte de la estructura de la comunidad de apoyo y mantener un perfil bajo. Se rió de mi comentario y me recordó que los estadounidenses tienden a sobresalir en Rumania, particularmente en lugares como Constanza. "Y conociéndote, Hud, destacarás".

Le dije que lo sabía y que realmente no quería causar problemas. Pensé que no sería difícil hacer un mejor trabajo que la administración y el personal del hospital actual. Proporcionaría fondos para el presupuesto a cambio de la oportunidad de poner mi caso a prueba. Sabía que los presupuestos gubernamentales con fondos insuficientes eran la razón por la que las condiciones en los orfanatos y las instalaciones del hospital pediátrico se estaban deteriorando. Cuando les preguntábamos a los jefes de las agencias por qué no tenían un presupuesto para cubrir esa necesidad, respondían: "Oh, tenemos un presupuesto. Pero no hay dinero en el presupuesto para financiar esas necesidades". Le dije que sabía que el hospital no quería ceder las camas y que no les estaban pagando porque no había dinero en el presupuesto, por lo que sería una ganancia neta para todos en el sistema si asumía el costo de la atención.

El hecho de que no estuviera pidiendo financiación despertó su interés. Yo quería su ayuda para hacer rodar una roca que pedía a gritos que la enviaran cuesta abajo. Le pregunté si conocía a alguien en el sistema central de salud de Bucarest que pudiera ayudarme a hacer rodar la piedra por la cadena de mando hasta Constanza con el mensaje de dejar libre el uso de las camas. Sonrió, tomó su teléfono interno y llamó a un hombre a su oficina. Me presentó a un miembro de su personal que había sido el número dos o tres en autoridad en el Ministerio de Salud rumano, por lo que su lista de contactos era bastante relevante. Actualmente, trabajaba en la ONG como asesor médico.

Tras un breve encuentro y saludo, el director le dio al miembro del personal una explicación informal sobre cuál era el problema y le dijo que respaldaba mis planes para PC#3. El hombre pensó que podía ayudar.

En ese mismo momento, en la oficina del director, llamó a alguien. Nunca supe con quién habló, pero él y la otra persona conversaron brevemente en rumano. Luego, tras decir algunas frases, recuerdo sus palabras exactas en inglés. Terminó diciendo: "No seas torpe. Déjalos tomarlo. Ahora no te pagan por las camas y el gobierno no tiene dinero para reembolsarte, así que no estás perdiendo nada. Si quieren jugar con niños, pagarán por ello y todos saldremos ganando".

CAPÍTULO 16

El Palacio

Pero Yo les digo: amen a sus enemigos... Y si saludan solamente
a sus hermanos y hermanas, ¿qué hacen más que otros?

—Mateo 5:44, 47

La ironía es una forma de expresar un significado mediante el uso de un lenguaje que normalmente significa lo contrario.

Es una generalización, pero creo que es seguro decir que la mayoría de las personas que saben algo sobre Rumania estarán de acuerdo en que el Palacio del Pueblo es el ícono por excelencia del país. Sin embargo, cuando se reveló su verdadera naturaleza en cuanto a tamaño, costo y peso tras la revolución, llamarlo el Palacio del Pueblo fue la definición misma de ironía.

Su tamaño, que es lo que lo distingue, lo hace poco práctico para cualquier propósito útil. El palacio es uno de los edificios más grandes del mundo, con más de 365 000 metros cuadrados. Está eclipsado por el Pentágono de Washington D. C., con 610 000 metros cuadrados, pero el criterio para elegir al ganador depende de si el estándar lo establece un nacionalista rumano o alguien avergonzado por cómo el edificio refleja la historia reciente de Rumania. El palacio es tan desproporcionado que hace que cualquier otra estructura a su alrededor parezca pequeña. Sus vastos interiores cavernosos y sus más de mil habitaciones hacen que el gobierno no haya podido encontrar un uso para todos ellos, por lo que ha pensado en demolerlo. Demolerlo habría sido demasiado caro, así que lo convirtieron en un monumento. Solo en los últimos años, el Parlamento rumano ha encontrado la manera de reunirse en algunas de sus salas.

Se perdieron dos montañas enteras en Rumania que proporcionaron la piedra para construirlo. Es tan pesado que se hunde seis centímetros al año. Se asignaron veinte mil trabajadores para terminarlo, pero nunca se llegó a completar.

Durante su construcción, el palacio consumió el 30 por ciento del presupuesto anual de Rumania. Durante un tiempo, fue un pararrayos que atrajo la ira de la gente hacia sus líderes. Ceaușescu reasignó fondos del presupuesto nacional para pagar su palacio, mientras que los trabajadores y los niños abandonados en orfanatos sufrían desnutrición. Esta reasignación obligó a reducir arbitrariamente el número de niños en las instituciones. Los niños perfectamente normales fueron seleccionados de sus entornos de atención y enviados a uno de los muchos Camin Spitals. Estos lugares terribles fueron la última parada del sistema estatal de centros de atención a niños irrecuperables, donde fallecieron.

Después de la revolución, se decía que el palacio era el símbolo del pueblo rumano, ya que representaba la razón por la que finalmente se habían revelado y derrocado al dictador y a su esposa. Era reflejo de un ego fuera de contacto con la realidad. Está ubicado en el promontorio más alto de Bucarest, de modo que, desde el gran balcón del palacio, el dictador Ceaușescu podía mirar hacia la capital rumana y reclamar la nación y sus habitantes como sus súbditos. La gran avenida palladiana que conducía a su gran entrada y al balcón era, por diseño, tres metros más ancha y algo más larga que los Campos Elíseos, la famosa avenida de París.

Se le compara con el Gran Cañón. Después de haberlo visto, es imposible describírselo a alguien. No hay manera. No se puede asimilar del todo, ni siquiera estando de pie en el borde del cañón ni en el estacionamiento del palacio; hay que adentrarse en ellos. Pero, a diferencia del Gran Cañón, el acceso al palacio está restringido. Tanto los ciudadanos como los visitantes extranjeros deben solicitar una cita para poder entrar. Muy pocas personas lo han visto todo porque llevaría días hacerlo. Las habitaciones y los almacenes situados debajo de la superficie abarcan más metros cuadrados que el edificio en la superficie.

Irónicamente, en un momento el palacio fue un vergonzoso recordatorio del sufrimiento de la gente, pero ahora es un símbolo de orgullo nacional. Me han preguntado: "Mira lo que podríamos construir. ¿Podrías hacer eso?".

"Si es un símbolo de orgullo nacional —les respondo—, no busquen demasiado en su pasado". En el sótano de este grotesco edificio hay huesos secos, y nadie que yo conozca quiere ir a buscarlos. En estos días, no todos los rumanos quieren recordarlo como un símbolo de una época en la que todos tenían trabajo y todo estaba limpio y ordenado. No como hoy.

Pero hay otro palacio en Rumania. Está en Constanza y también es un ícono. Los turistas no lo recordarán porque no se sienten seguros allí. Nunca ha sido la residencia de un líder político ni de un rey e, irónicamente, es el palacio más conocido de Bucarest y, sin embargo, es excepcionalmente antiestético. Muy pocos habitantes de Constanza han estado en el palacio porque, al igual que el Palacio del Pueblo, el acceso es limitado. Si se menciona este palacio a los lugareños como un lugar de interés, lo mirarán a uno con recelo y cuestionarán su criterio. Piensan:

"No hay una buena razón para visitar el palacio, así que ¿para qué querrías ir?".

He estado dentro de los dos palacios. Mi experiencia en el palacio de Constanza no fue lo que esperaba.

Este segundo edificio ha dado a un barrio residencial de Constanza su irónica reputación. Me enteré por primera vez cuando escuché a dos de mis amigos expatriados, Gary y Ken, hablando entre ellos sobre ir juntos a visitar a uno de sus residentes. Pensé que era un palacio, pero la forma en que pronunciaron la palabra palacio me hizo detenerme lo suficiente como para pensar que tal vez no lo era, así que pregunté si podía ir con ellos a verlo. Me advirtieron que, en realidad, es un barrio, un gueto para los ciudadanos rumanos locales, un enclave únicamente para sus residentes, a los que llaman gitanos.

Los romaníes son, por elección propia, una nación independiente y privada de representación. No reconocen autoridad ni sistema de gobierno alguno, excepto el suyo propio. Se estima que hay 621 000 de ellos viviendo en Rumania, de un total de once millones de romaníes repartidos por toda Europa. Conocidos como Roma por los europeos, los rumanos los llaman *mustes*, o moscas. También se les llama imanes porque tratan con chatarra (cualquier metal) adherida a algo o suelta. Por esa razón y otras, se les desprecia y se les considera una molestia y una carga para los presupuestos de Rumania, ya que no pagan impuestos sobre la renta.

Gary y Ken eran dos estadounidenses que se sintieron guiados a Rumania para iniciar iglesias, y lo hicieron de forma independiente el uno del otro. Según los rumanos, Gary fundó una iglesia gitana. Gary siempre decía: "No, una iglesia para romaníes". Nos llevaron a mí y a un amigo al palacio para verlo y visitar a algunos líderes de la iglesia de Gary. Mientras conducíamos por el vecindario, me llamó la atención un hombre con muletas que, evidentemente, estaba trabajando y mostraba signos de dolor por su esfuerzo. Hacía calor. Entonces escuché un susurro: "Presta atención a ese hombre, lo volverás a ver".

Nos estacionamos frente al edificio que da nombre al barrio y salimos del automóvil preparándonos para entrar. El icónico palacio es un edificio vacío de cuatro plantas que fue concebido como un bloque de viviendas, pero quedó sin terminar. Su apariencia de barrio pobre prestó su identidad despectiva a todo el vecindario. A pesar de que está ocupado por decenas de personas, el edificio en sí es inhabitable. Su único servicio es el agua, que corre en riachuelos por todo el edificio. El agua corre desde el piso de arriba hasta el de abajo y, finalmente desemboca en la calle. No tiene otras mejoras. Es una cáscara vacía: no hay electricidad, ni luces, ni calefacción, ni baños, ni puertas.

Como en la mayoría de los barrios pobres, los hombres se apostaron juntos, casi escondidos entre otros edificios, para observarnos. Cuando bajamos del coche, salieron para vernos, pero al ver a Gary y Ken, regresaron a las sombras. Entré en el edificio lentamente y sin inhibiciones. Subí las escaleras de cada piso. Mirando por las esquinas de las puertas vacías, solo vi los rostros de las familias gitanas más pobres que habitaban las habitaciones de cemento desnudo. Generalmente, las viviendas tenían colchones y estufas de gasolina. Solo vi mujeres y niños pequeños. Fueron los chiquillos los que salieron a recibirme primero. Me arrodillé y pronuncié algunas frases breves en rumano. Entonces, me tomaron de la mano y me llevaron a sus habitaciones. No entré. Las madres más jóvenes eran furtivas y tímidas, y la mayoría parecían adolescentes. Las mujeres mayores, en cambio, eran más insolentes y poco amables. No nos quedamos mucho tiempo. Cuando nos fuimos, los hombres estaban allí para decir algo que no pude entender, luego volvimos al auto y nos dirigimos a la casa del feligrés de Gary.

Ken, Gary, mi amigo, y yo estábamos conversando tranquilamente con dos hombres de la iglesia de Gary en la casa del feligrés. De repente, la puerta se abrió de golpe y dos hombres que llevaban al individuo con muletas que habíamos cruzado en la calle entraron corriendo en la habitación mientras gritaban: "¡Son estadounidenses! Están aquí y te curarán". Habían dejado las muletas fuera de la habitación, así que sentaron al hombre a mi lado en el sofá. Entonces, vi la imagen del paralítico siendo bajado por sus amigos por el techo de otra casa, en Capernaúm, para ser sanado por Jesús.

El hombre sentado a mi lado era un hombre grande, para sus amigos, habría sido difícil llevarlo. Estaba acalorado por el esfuerzo y parecía angustiado mientras sollozaba y pedía ayuda en rumano. Mirando alrededor de la habitación, esperé a que hablaran nuestros anfitriones, Gary o Ken. Pero todos estaban en silencio, atónitos por la repentina intrusión y sin saber qué hacer a continuación.

Puse mi brazo izquierdo alrededor de sus hombros e incliné la cabeza para susurrarle al hombre.

"¿Sabes que Dios te ama?".

"Sí", dijo.

"¿Y sabes que te amo?". Me miró y, con lágrimas en los ojos, asintió y dijo: "Sí, sé que me amas".

Nos saludamos con la cabeza por un momento. "Entonces vete en paz, hermano, seguro del amor del Padre".

A lo largo de ese breve intercambio, la habitación estuvo en silencio, ya que nadie más había dicho una palabra. No estoy seguro de si el hombre y yo nos hablamos en inglés o en rumano. Pero él no hablaba inglés, así que no podría haberle dicho nada en otro idioma. Se puso de pie y, con la ayuda de sus amigos, salió de la habitación.

Mientras caminábamos hacia el auto para irnos, mi amigo estadounidense se inclinó hacia mí y me dijo: "Realmente amas a estas personas, ¿no es así?".

"Sí, los amo".

¿Dónde se originan las palabras que decimos? ¿Solo emergen?

Justo ahora, en este momento, mientras escribo estos recuerdos, me doy cuenta por primera vez de que eran casi palabra por palabra las mismas palabras que le susurré al niño en el hospital. Y al pensar en esto, recuerdo que fui en busca del sufrimiento que sabía que encontraría en el hospital. Lo mismo puede decirse de por qué quería ver el palacio de Constanza y el Palacio del Pueblo. No sabía cómo ni con quién se manifestaría el sufrimiento en alguno de estos lugares, pero podía contar con la absoluta verdad de que el sufrimiento puede encontrarse en todas partes y el mismo amor que tengo por mi Padre querría tocarlo.

CAPÍTULO 17

Apenas estás empezando

Y cualquiera que te obligue a ir una milla, ve con él dos.

—Mateo 5:41

Poco después de que el hombre de la oficina del director de la ONG hiciera su llamada telefónica, alguien del hospital de Constanza acordó alquilarme el edificio de PC#3 y negociar un acuerdo para cuidar de los niños. Intento expresar el impacto que tuvo en mi corazón y en mis emociones la voluntad del hospital de alcanzar un entendimiento mutuo. Durante cinco años, perseguí tenazmente un objetivo basado en mi esperanza de que alguien más mejorara la calidad de vida de los niños y se responsabilizara de su futuro. Sentía que mi papel era facilitar esa oportunidad para Adi, ya que yo vivía a seis mil millas de distancia, pero estaba dispuesto a pagar el precio para que él fuera el artífice de un programa. Ahora parecía que la responsabilidad se me transfería, pero ninguna de las piezas necesarias para transformar la vida de los niños estaba aún en su lugar. Estaban ahí, esperando a que llegara alguien, pero yo solo veía un camino que se extendía ante mí sin un final a la vista. Estaba exhausto y quería parar, ya había tenido suficiente de este crisol.

Les pregunté a Bob y a Adi si podían redactar un acuerdo operativo y un contrato de arrendamiento para el edificio PC#3 y hacerlo rápidamente, porque temía que nos quitaran la oportunidad si alguien en el hospital entraba en razón y se daba cuenta de lo que habían acordado hacer. Sentía que me faltaba energía para lidiar con una obligación a largo plazo con los niños y el personal de atención en PC#3 sin términos y condiciones en los acuerdos que obligarían al hospital (propietario del edificio) o a la doctora (encargada de la atención médica). Se nos había dado una oportunidad y teníamos que aprovecharla, pero había llegado al límite de mi resistencia emocional.

En 1992, me quedé congelado frente a la puerta principal, temeroso de entrar mientras el mal se derramaba sobre mí en forma de una niebla maloliente. En 1996, el mal volvió a burlarse de mí cuando echaba humo en el auto de Adi después de que alguien me amenazara desde detrás de la puerta cerrada. Ahora, por la mano de Dios, la puerta se abría de nuevo y me quedé helado una vez más. Ahí estaba, el premio que quería, pero mi miedo al éxito de toda la vida estalló. Habiendo llegado a este momento de triunfo, el mal me llamaba, afirmando que mi deseo de redimir al PC#3 provenía de un sentimiento de indignación etnocéntrica mal nacido. Tenía que volver a crecer y, ahora como hombre de Dios, avanzar con confianza en la oscuridad.

Pero no era momento para el autoexamen ni para la procrastinación. No actuar continuaría provocando sufrimiento y aumentando el escepticismo del personal sobre la posibilidad de que otro visitante curioso con buenas intenciones siguiera adelante. El día antes de irme a casa, hablé con Adi del asunto y le dije que estaba acabado, que estaba quemado. No podía continuar porque mi parte del trabajo estaba terminada. Quería que dijera que habíamos llevado el proyecto al punto en el que él podría hacerse cargo, pero en lugar de eso dijo: "Hud, no puedes renunciar ahora, apenas estás comenzando". Más tarde, ese mismo día, volvió a decirlo cuando me dejó en el aeropuerto. "Hud, no puedes renunciar ahora, acabas de empezar. Dios te ha dado estos niños. Ahora son tuyos".

Ay, qué bien se sintió subirme a ese jet de Swiss Air y alejarme de allí, escapar de regreso al orden y la calma de Zúrich para acomodarme y escuchar al Espíritu por lo que estaba por venir. Fui a casa y esperé a ser guiado.

Mientras yo estaba fuera, Adi y Bob continuaron con sus negociaciones y me uní a ellos cuando regresé unas semanas más tarde. En ese momento solo teníamos un acuerdo verbal y una tregua con la doctora, pero lo importante era que nos daba a cada uno lo que queríamos. Me comprometí a pagar y administrar el programa de cuidado de los niños. Mi compromiso no era solo apoyar un presupuesto. Me comprometí a apoyar a los niños y al personal necesario para su cuidado hasta que ya no fuera necesario. Me estaba comprometiendo con el papel de padre. Había visto cómo otras ONG, frustradas, habían abandonado sus programas. Nuestro personal también había visto cómo se iban los demás. Si prometiera apoyar al personal, ¿me creerían? Quería que fuéramos diferentes.

La doctora y su fundación podrían continuar con su investigación del VIH sin tener que pagar los gastos generales relacionados con el cuidado de los niños y el edificio. Sentí que era mejor no definir cómo integraríamos nuestro cronograma de actividades con el cronograma de pruebas y experimentos médicos del hospital, algo que ellos querían.

Antes de que estuviéramos en PC#3 para hacer cumplir nuestras normas, la doctora tenía acceso ilimitado a los niños. Podía ir y venir cuando quisiera, enviando camilleros al PC#3 en furgonetas del hospital y llevándose a los niños para hacerles pruebas y experimentos. Ir al hospital era traumático para los niños. Tanto ellos como sus cuidadores nunca sabían cuándo los camilleros se presentaban de forma precipitada, tomaban a algunos niños, generalmente sosteniéndolos debajo de sus brazos, pateando y gritando, y luego conducían a la sala de enfermedades infecciosas para vacunas y tratamientos sin dar explicaciones. Más tarde, cuando los niños ya eran nuestros, se negaban a subirse a nuestra camioneta para salir a comer pizza o ir al parque. Se les notaba en la cara: "¡No voy a entrar ahí!". Para algunos de ellos, pasarían varios años antes de que accedieran a subirse a un automóvil para salir de casa con el personal.

Cabe recordar la fábula de un camello ambicioso y codicioso que, en una noche fría del desierto, acabó mudándose a la tienda de su dueño centímetro a centímetro. Tras entablar negociaciones con la doctora y el hospital, había ganado con paciencia la oportunidad que quería. Pero no había ganado nada a menos que aprovechara la oportunidad y la perfeccionara, porque nada en esta misión era estático. Todo estaba en movimiento. Las partes debían juntarse rápidamente y encajar antes de que las otras partes de las negociaciones recobraran sentido y se dieran cuenta de a qué habían renunciado. No quiero decir que necesitáramos crear un proyecto perfecto; como servidor, necesitaba esperar mis instrucciones y luego vivirlas, confiando en que mi Maestro me traería los recursos para cumplirlas.

Rumania es un país de gente tácitamente respetuosa de ser una población regulada. Las relaciones de las personas con una agencia gubernamental se detallan en los documentos, y ningún documento se reconoce como oficial y ejecutable a menos que esté estampado en tinta roja con el sello registrado y autorizado del guardián autorizado y su agencia. Sus documentos son tan numerosos como las hojas de los árboles, y regulan la vida con detalles exquisitos que les parecen lógicos. Puede ser humorístico. (Por ejemplo, para solicitar o renovar la licencia de conducir, deben declarar su género y probarlo sometiéndose a una inspección de sus genitales por parte de un médico o una enfermera). Pero luego, al igual que las hojas, sus documentos acaban enrollándose y se los lleva el viento, para ser sustituidos por más documentos que reflejen las nuevas normativas que haya promulgado el organismo que tenga autoridad para hacerlo.

Con ese conocimiento, no quería formar parte de un documento de cuidado claramente definido que explicara en detalle las obligaciones mutuas. Así, podía ocultar mis intenciones respecto al futuro de los niños. Pedirle a la doctora un sistema de atención nuevo, detallado y compartido (que nunca cumplirían) habría sido como admitir que ella todavía tenía autoridad sobre sus vidas. Quería que le quitaran eso. Si ella y el hospital me hubieran preguntado por mis intenciones, habría dicho: "Mientras sus experimentos médicos no entren en conflicto con nuestros horarios diarios, y siempre que pregunte antes de venir a la casa a recoger a los niños, y si alguien de nuestro personal va con los niños, le invitamos a visitarnos". Esa restricción sobre las intromisiones de la doctora finalmente se cumplió, pero poco a poco.

Las diferencias culturales eran barreras para resolver problemas. Tomemos, por ejemplo, la necesidad de una fundación estadounidense para gestionar la vida de los niños. Mis amigos rumanos estaban desconcertados por mi escepticismo ante la falta de motivación de la administración de su hospital para reformarse. El comportamiento evasivo que el nacionalismo rumano racionaliza hizo que a mis amigos les resultara más fácil suponer que las personas en puestos de autoridad en el sistema hospitalario querrían mejorar las condiciones en sus orfanatos. Mis amigos consideraban que nuestra intervención no era necesaria. Algunos lo calificaron de presuntuoso, incluso de arrogante. Dijeron: "¿Por qué estás tan enfadado? El gobierno resolverá el problema". Mi réplica fue: "¿Por qué deberían hacerlo? Ellos crearon el problema. ¿Por qué deberían gastar ahora su propio dinero para solucionarlo cuando el sufrimiento de los niños les está generando ingresos?". Pero si mis amigos tuvieran razón y el sistema recobrara el sentido común y se reformara, nuestros niños estarían muertos para cuando las reformas llegaran a ellos. No me arriesgaría a que eso sucediera.

Como reza el refrán, cuando las partes acuerdan aceptar los términos que eventualmente los vincularán, el tiempo es esencial. Necesitaba completar un contrato de operación y arrendamiento para el edificio entre la entidad que el hospital eligió para representarlos como arrendador y yo como arrendatario, una corporación sin ánimo de lucro formada dentro del marco legal rumano. La fundación estadounidense que establecí, trabajando en Rumania con una mayoría de estadounidenses en su junta directiva, arrendaría el edificio, lo ocuparía físicamente y proporcionaría personal rumano que habíamos seleccionado y capacitado para administrar el cuidado de los niños.

También necesitaría crear una fundación sin ánimo de lucro en Estados Unidos, probablemente una corporación 501(c)(3), que nos permitiera recaudar fondos deducibles de impuestos para apoyar el trabajo. Necesitaría una junta directiva. Necesitaba crear un presupuesto realista, más que basarme en conjeturas sin fundamento y en mi imaginación, para cuidar de los niños y del personal. También necesitábamos un director en el país que se encargara de administrar la casa y su personal; alguien que pudiera comunicarse en inglés con nosotros en Estados Unidos. La duración del compromiso no importaba. Para bien o para mal, estaríamos allí todo el tiempo que Dios nos permitiera, siempre y cuando pudiéramos llegar y comenzar. Mi esperanza era que, una vez que estuviéramos en el lugar, algunos de los niños más enfermos pudieran morir al menos con cierta dignidad en compañía de personas a las que querían. Pensábamos que la mayoría no duraría más de dos años después de que asumiéramos el control y no quería que murieran antes de que pudiéramos llegar.

Luego vino la segunda decisión más importante que tomé después de aceptar ir a Rumania. El contrato de arrendamiento exigía que una fundación registrada en Rumania actuara como arrendataria del edificio del hospital, PC#3. Para ahorrar el tiempo que llevaría solicitar a un tribunal que nos permitiera formar una fundación independiente de Chi Rho Rumania en Estados Unidos, Adi sugirió que usáramos su Fundación Osana para actuar como la fundación rumana. Osana, y no una fundación estadounidense, recibiría fondos de los Estados Unidos para crear y administrar el presupuesto, establecer la visión del trabajo y administrar la misión con el personal rumano. El contingente estadounidense proporcionaría los fondos a través de su propia fundación estadounidense independiente. Someternos a la Fundación Osana de Adi habría llevado menos tiempo y habría sido menos complicado, pero el Espíritu susurró que no usáramos ese medio.

Quería que nuestra fundación estadounidense dirigiera las actividades de la vida de los niños, siguiendo el modelo de Marolen de organizar grupos de niños en familias pequeñas bajo la vigilancia constante de dos madres. Eso significaba que el personal operaría a través de Chi Rho Romania, una fundación estadounidense. El modelo de gestión rumano es vertical; cada decisión va cuesta abajo desde una persona en posición de autoridad hasta los miembros más básicos de la plantilla. Solo una persona tiene autoridad para responder, adaptarse y actuar. En una casa llena de niños con necesidades especiales, la única forma que tenían de mantener el orden era mediante la negligencia y el abuso tiránicos. Ese era el modelo de PC#3, no el de Marolen, y era necesario desechar el modelo anterior. Esta decisión de crear nuestra propia fundación fue el punto de partida de todo lo sucedido desde entonces.

Pero hay que olvidarse de todo eso del organigrama. Si las creencias, los valores y la moral de las personas no dan forma a sus decisiones, hay que tener en cuenta lo siguiente: aquí estábamos con una casa llena de seres humanos, la mayoría de ellos enfermos e indefensos, niños con necesidades especiales a quienes su cultura consideraba desechados. ¿Podría confiar en que la gerencia local descartara su sabiduría convencional y arriesgarme a enviar cheques para preservar el statu quo? Eso sería como asociarse con la doctora si Adi se fuera algún día, y eso no tenía sentido. Además, el susurro del Espíritu también me advirtió que era más seguro formar una fundación estadounidense nueva e independiente y dirigirla por otra razón: acepté que, si bien la corrupción era poco probable, aún era posible. En un entorno donde hay escasez de recursos, la tentación puede ser demasiado fuerte para un alma y el resentimiento por una fuente de financiación aparentemente inagotable que conduce a la corrupción es inevitable. Formar nuestra propia fundación estadounidense en Rumania llevó más tiempo, pero esa decisión resultó ser sabia.

CAPÍTULO 18

Día de apertura y el fin de semana anterior

Pastorea a Tu pueblo... el rebaño de Tu heredad...
Te mostraré milagros.

— Miqueas 7:14, 15

El lunes 1 de junio de 1998, el cuerpo de Cristo entró por la puerta principal de PC#3 sin obstáculos y, en ese momento, PC#3 dejó de existir y de la oscuridad surgió la Casa Vida Nueva (en Cristo). El nuevo nombre del edificio no es original; hay cientos de Casas Vida Nueva en todo el mundo y la mayoría se centran en el mismo tema: restaurar la vida de un alma. En nuestro caso, nuestros cuidadores fueron a buscar niños para ayudarlos a encontrar una nueva vida, su nueva vida, la vida que la sociedad que los rodeaba afirmaba que no existía.

Las consecuencias de la negligencia no desaparecieron rápidamente ni en silencio para los niños que aún vivían allí, y nunca lo han hecho, como era de esperar. Pero ese día, cuando comenzaba su nueva vida, nadie impidió que nuestra primera directora de CVN y su equipo entraran al edificio. Tenían autoridad legal para hacerlo, pero incluso si no la hubieran tenido, su equipo podría haber entrado sin obstáculos: no había nadie allí excepto los treinta y seis niños, que se quedaron solos y desatendidos durante el fin de semana. El personal rumano se había marchado el viernes por la tarde al final de su turno y no nos habían dicho que los niños se quedarían solos hasta que llegáramos el lunes por la mañana. No estuve allí para presenciar el infierno que los antiguos cuidadores habían dejado atrás.

Mis temores siempre habían sido por la seguridad de los niños, una vez que se hicieron públicas mis intenciones de destituir a la doctora. Se demostró que mi temor estaba fundamentado. Desde el comienzo de las negociaciones del contrato de arrendamiento y en los días previos al 1 de junio, fecha de inicio prevista, el sufrimiento de los niños aumentó constantemente. Los elementos básicos de cuidado, alimentación, las escasas medicinas que compartían del dispensario del hospital, la lavandería, el contacto humano, la crianza, el agua fresca para la higiene y la preparación de alimentos, así como ciertos niños estéticamente atractivos, comenzaron a desaparecer de PC#3. Algunos niños murieron y otros fueron llevados a otros hogares de la doctora y reemplazados por sus niños problemáticos. Se convirtió en una carrera para llegar a tiempo de ayudar a los que estaban lo suficientemente bien como para seguir con vida.

En algunos casos, llegamos demasiado tarde. La niña que temía que se acercaba a la muerte se había ido. Ribana había sido una niña hermosa y alegre. Incluso en su sufrimiento a causa del VIH, siempre mostró una actitud alegre. Ese lunes por la mañana la encontraron muerta.

Este era el punto más bajo al que se podía llegar. Lo que nuestro equipo encontró fue un caos similar al del libro *El señor de las moscas*, algo que todavía hoy me resulta inimaginable. Adi llegó poco después, cuando la directora lo llamó para pedir ayuda. Trajo una cámara de video para grabar las condiciones criminales. También trajo una bomba de agua prestada por un amigo de la iglesia.

La bomba se utilizó para limpiar las aguas residuales y la suciedad del sótano, pero tan pronto como se bombeó, el agua sucia volvió a fluir. El video muestra las paredes del edificio manchadas de heces y charcos de orina en el suelo. Los inodoros no se podían descargar porque el agua había sido cortada. Los niños habían estado bebiendo de los inodoros antes de que se cortara el agua y ahora estaban deshidratados. Habían estado buscando restos de comida y Froot Loops esparcidos por el suelo. El clima era caluroso y la casa parecía un horno. Dijeron que el ruido era demoníaco y que el olor... No sé qué decir sobre el olor. No estuve allí ese día, pero he escrito anteriormente que el olor del lugar llegó a casa en mi ropa.

No lo esperábamos, no podíamos haberlo imaginado, una transición tan cruel por parte del equipo del hospital. No hubo una transferencia de los niños de un alma solidaria a otra, como cabría esperar de los profesionales encargados de cuidar vidas indefensas. Salieron el viernes por la tarde y abandonaron a los niños. No imaginábamos que la gente pudiera hacer cosas tan crueles. Tal vez pensaron que nos escupían al dejar atrás unas condiciones tan monstruosas, no lo sé. Nos dejaron la casa sin nada para limpiar. Nuestro equipo tuvo que caminar sobre las heces y el desorden solo para evaluar el daño, mientras el caos de los niños a causa del hambre y el miedo los envolvían a su alrededor. No había agua, ni caliente ni fría. No había cubetas ni desinfectante. El personal había retirado la mayoría de los lavabos e inodoros del baño para usarlos en las otras casas de la doctora. Nuestro equipo envió a algunos miembros del personal a comprar baldes y galones de cloro y se pusieron a limpiar.

Había tela más que suficiente para limpiar. La ropa con la que vestían los niños eran meros harapos y la que había sido donada para reemplazarla se encontraba amontonada en una pila enorme en una habitación. La ropa buena había sido robada por el personal anterior. La ropa sucia yacía acumulada en otra gran pila en la habitación habilitada como lavandería. Algunas de las chicas resultaron ser chicos. Era fácil confundirse por lo largo de su cabello y los vestidos que llevaban. Aquellos niños que podían vestirse solos simplemente se ponían lo que encontraban. Les daba igual si eran vestidos o pantalones.

Esta imagen muestra el aspecto más importante: la visión que tenía el sistema hospitalario de estos niños. Para quienes estaban dentro del sistema, la dignidad individual de estos desechados no significaba nada. Para las autoridades encargadas de su cuidado, era mejor que no vivieran. Era más fácil perderlos en las cifras de un presupuesto sin fondos y eludir la culpabilidad de la autoridad por permitir tal infierno bajo su vigilancia si algún tipo de auditoría cuestionara su negligencia. Una auditoría no iba a producirse entre los rumanos. Muchos de los niños ni siquiera tenían certificados de nacimiento. Eran de las familias más pobres, o peor aún, eran niños gitanos. Para el Estado, esos niños no justificaban la molestia de crear un registro de su existencia. Era menos trabajo descartarlos que demostrar su existencia. Si permanecían con vida, suponían un costo elevado.

Era consciente de esa mentalidad del sistema antes incluso de ese primer día. Había visto sus efectos en la falta de atención en los pabellones de pediatría del hospital de enfermedades infecciosas y en PC#3. Me culpo por no haber estado mejor preparado y por no haber estado ahí para compartir el trabajo. No se trataba solo de la falta de suministros para limpiar; tampoco se trataba de preparar con mayor vehemencia a nuestro personal para el caos que les aguardaba en el edificio. Asistí a algunas de las primeras reuniones de orientación con Marolen y su equipo en Casa Esperanza. Para mí era obvio que nuestro personal no permitía que la gravedad de las circunstancias sobre las que Marolen les había advertido se asentara en ellos.

Hablé con nuestras madres en una de las reuniones de orientación en Casa Esperanza. Me disculpé y les advertí que los años de abandono y abusos que los niños habían sufrido desde la infancia iban a estallar en una ira incontrolable. "Estás cambiando su mundo y no les va a gustar", les expliqué. "Les parecerá que han perdido el control. Tendrás que ser la roca sobre la que su ira caiga como una gran ola. Y se romperá y romperá y romperá otra vez, y no podrás responder como lo han hecho los demás antes y como ellos quieren que respondas. Si lo haces, nunca aprenderán a confiar en otro ser humano ni aprenderán de ti que son amados incondicionalmente. Cuando comiencen a aprender que tú sabes por qué están enfadados y que los quieres sin condiciones, comenzarán a conocer el amor del Padre. Sin embargo, esto dependerá de la capacidad cognitiva de cada niño. Son individuos, no números sin rostro y sin nombre. Todos ellos son hijos de Dios. Para que sepan eso es por lo que estamos aquí".

Me exigí demasiado y también al personal. El edificio no era adecuado para mascotas, y mucho menos para niños enfermos. El cronograma de remodelación aún estaba en proceso y la fecha de inicio no se había determinado aún. La comunicación con el equipo de Marolen de Casa Esperanza no era buena. Le estábamos pidiendo a nuestro personal, que no estaba preparado ni capacitado para hacer frente a la situación de niños muy enfermos con necesidades especiales y trastorno de desapego reactivo, que soportara la peor parte de la ira de los niños.

Esperaba demasiado y muy pronto. Pero la verdad es que nadie sabía cuánto tiempo pasaríamos con los niños porque estaban muy enfermos. Era impactante entrar en la casa y encontrar a un niño muerto. Basta con mirar al resto de los niños para cuestionar su determinación de seguir viviendo. No obstante, estos niños sobrevivieron. Ellos eran los duros. Pero, cuando un patrocinador me preguntó durante una reunión en nuestra casa: "Entonces, Hud, ¿qué sigue? ¿Qué esperas que les pase a estos niños?", me quedé sin palabras. Tuve que responder: "Kirt, no lo sé. Espero que los niños vivan otros dos años y luego mueran. En ese momento, espero poder transmitirles cuánto los amamos, pero en comparación con lo que han tenido que vivir, eso debería ser suficiente".

A continuación, se muestra una lista completa de los nombres de los niños que encontramos viviendo en PC#3 el día que se convirtió en la Casa Vida Nueva. La mayoría de los niños a los que había conocido durante mis visitas anteriores se habían ido a otros lugares. Sin embargo, algunos todavía estaban allí. Incluye una descripción parcial (escrita por el personal rumano en ese momento) de sus problemas físicos y de desarrollo, aunque los diagnósticos fueron superficiales e inexpertos. Los registros médicos individuales de los niños estaban incompletos o no existían. Con el paso del tiempo, nuestro personal ha podido saber más sobre la condición de los niños (con la ayuda de algunos médicos locales más atentos, así como de profesionales del desarrollo y dentistas expatriados). El simple hecho de vivir con ellos y conocerlos a lo largo de los años ha revelado más problemas de necesidades especiales y ha supuesto una carga para los equipos que los atienden. Consideramos a nuestro personal como santos.

Estos son aquellos con los que encontramos a Dios compartiendo su compañía. En verdad, los más pequeños de los pequeños...

1. Georgetta (Niña, 9 años, seropositivo)

2. Florin (Niño, 9 años, encefalopatía grave, seropositivo, no habla, no se alimenta, no tiene habilidades sociales, a menudo se agita, camina solo con ayuda y con dificultad)

3. Vasilica (Niña, 8 años, seropositivo, no come sin ayuda, no habla, no va al baño sola)

4. Bumba (Niño, 10 años, encefalopatía, seropositivo, sociabilidad reducida)

5. Selda (Niña, 10 años, seropositivo)

6. Alin (Niño, 10 años, seropositivo, encefalopatía, problemas de válvulas cardiacas sin diagnosticar)

7. Deda (Niña, 9 años, seropositivo)

8. Titus (Niño, 11 años, seropositivo, patrones de habla ininteligibles, pierna izquierda rígida que dificulta el movimiento)

9. Tanure (Niño, 10 años, seropositivo)

10. Ionela (Niño, 11 años, encefalopatía, seropositivo, problemas oftalmológicos, problemas en pies y piernas, camina, problemas del habla)

11. Emilea-Elena (Niña, 12 años, seropositivo)

12. Claudia (Niña, 10 años, seropositivo)

13. Florin (Niño, 11 años, seropositivo, no habla, no come solo, dificultad para caminar)

14. Antoneta (Niña, 9 años, seropositivo)

15. Ribana Grancea (Niña, 9 años, fallecida el 1 de junio de 1998)

16. Laura (Niña, 11 años, seropositivo, hepatitis sin diagnosticar)

17. Nicolae (Niño, seropositivo, incontinencia nocturna)

18. Sabrie (Niña, 10 años, seropositivo)

19. Alina (Niña, 10 años, seropositivo, problemas en los pies/piernas dificultan caminar, habilidades sociales reducidas)

20. Cornelius (Niño, 9 años, encefalopatía avanzada grave, seropositivo, fácilmente irritable, ira agresiva, pérdida parcial del control de esfínteres)

21. Vasilica (Niña, 10 años, problemas oftalmológicos)

22. Giorgiana (Niña, 10 años, seropositivo, no habla nada, incontinencia nocturna, habilidades sociales reducidas)

23. Suzana (Niña, 11 años, seropositivo, incontinencia, fácilmente irritable y agresiva)

24. Petronela (Niña, 10 años, seropositivo, no habla, no come sola)

25. Ferdi (Niño, 10 años, encefalopatía grave avanzada, seropositivo, no habla, a menudo está agitado y es agresivo)

26. Velentina (Niña, 8 años, seropositivo)

27. Ancuta (Niña, 10 años, seropositivo)

28. Crina (Niña, 9 años, seropositivo, no habla, no come sola)

29. Stefan (Niño, 9 años, seropositivo)

30. María (Niña, 10 años, seropositivo)

31. Sevima (Niña, 11 años, seropositivo)

32. Narcis (Niña, 10 años, seropositivo)

33. Maria (Niña, 9 años, seropositivo, no come sin ayuda, no habla, no va al baño sola)

34. Adrian (Niño, 10 años, seropositivo, problemas oftalmológicos)

35. Florentina (Niña, 9 años, seropositivo, malformación congénita en una de sus piernas)

36. Constantin (Niño, 9 años, seropositivo, incontinencia nocturna).

En los años posteriores a mis primeras visitas, tuve algunos intercambios intensos con agentes de aduanas, policía fronteriza, enfermeras de hospitales y romaníes en la calle. Los primeros enfrentamientos serios tuvieron lugar en mis visitas a los pabellones de enfermedades infecciosas del hospital, pero de todos los desafíos, ninguno fue más aterrador que mis enfrentamientos con la presencia del mal. Pero ahora que habíamos tomado posesión de PC#3, el mal se cernía como una ola en el horizonte para barrernos. Cuando cambiamos el nombre de PC#3 a Casa Vida Nueva, que significa nueva vida en Cristo, el mal alardeó abiertamente de su autoridad sobre los niños, sabiendo que íbamos en el nombre de Cristo.

Por lo que habían vivido los niños y las heridas que llevaban, la maldad se me reflejaba a través de sus ojos y sus voces. Para llegar a sus corazones, miraría a los ojos de un niño para ver qué devolvería. Mi expresión de invitación a menudo se reflejaba en sus ojos con una extraña luz parpadeante. A veces, su luz era una combinación de ira, desdén, odio o vacío cuando sus almas estaban en la niebla y querían ser invisibles. O me gritarían, respondiendo a los ojos de mi corazón con un chillido sobrenatural enviado a través de los dientes descubiertos y respaldado por una mirada de odio. Vi la maldad en sus ojos y la escuché en las mentiras de algunas de las personas que habían cuidado a los niños. Se trataba de antiguos miembros del personal que se beneficiaban personalmente de la miseria de los niños, contribuyendo a ella al facilitar a los pedófilos el acceso a los niños o robando directamente donaciones en efectivo y regalos en especie. La maldad se reconoce cuando se ve a alguien aprovechándose de otro para obtener ganancias.

Esta fue mi experiencia. El mal te desafía, a veces incluso escupe en tu cara. El mal sabe que eres el cuerpo de Cristo, por eso te pone a prueba y te desafía y te maldice con las palabras: *Entonces, ¿qué vas a hacer con esto, inepto? ¿Quieres venir aquí y ver si puedes controlar lo que sucede aquí, ver si puedes manejar lo que tengo para ti? Este es mi lugar; estos niños me pertenecen. No pierdas el tiempo aquí.*

Sostuve mi postura firme. *No tienes autoridad sobre mí, Satanás.* *¡Voy tras de ti, y voy a recuperar lo que me pertenece! ¡Estos son mis niños!* *¡Voy a traer la luz de Cristo a este lugar y te expulsaré en el nombre de Jesús!*

¿Cómo vas a hacer eso, inepto?

Voy a orar para que Dios me dé lo que le pertenece a Él, y seguiré viniendo, y cada vez que venga será en el nombre de Jesús. Otros lo verán, se unirán a mí y te expulsarán. Los niños conocerán el amor del Padre, y Dios será glorificado.

Estas palabras de desafío intercambié en mi alma. No se las dije en voz alta a nadie y no le pregunté a nadie más si había escuchado y devuelto el desafío de Satanás. ¡Aunque mi semblante permaneció implacable, dentro de mí rugía una terrible indignación! Pero el mal fue vencido y, ya sea con lágrimas en los ojos o con calma y paz, observé cómo Dios reunió a Sus hijos a su alrededor.

Anteriormente en la narración, hablé de mi hábito de ponerme de pie en silencio contra una pared para observar las actividades rutinarias que se desarrollaban a mi alrededor. Para un estadounidense de seis pies y dos pulgadas de altura, no es fácil pasar desapercibido en un entorno como ese, pero si permanecía quieto, era posible pasar desapercibido y no llamar la atención. Una tarde, sumido en mis pensamientos, fui interrumpido al mirar hacia abajo y ver a Adi Secure que se había parado a mi lado, tomó mi dedo y lo sostuvo durante casi una hora hasta que me fui; nunca dijo una palabra.

Algunos meses después, en una presentación en la Iglesia Bautista Sagrada Trinidad, tratábamos de animar a más miembros de la iglesia para que ayudaran con las necesidades actuales. El hijo de uno de los ancianos de la iglesia había ido como voluntario juvenil y compartió en un servicio su experiencia con Adi Secure, el niño simplemente caminó hacia él y sostuvo su dedo como lo había hecho con el mío. Al describir su experiencia, el joven dijo una de las cosas más memorables que cualquiera de nosotros haya escuchado sobre la experiencia de ingresar a PC#3: "Cuando me animaron a ir y ayudar, no sabía lo que podía hacer. ¿Qué puedo hacer yo? Soy estudiante de contabilidad. ¿Qué habilidades tengo que puedan contribuir al bienestar de estos niños? Estaba parado un día cuando un niño pequeño se me acercó, tomó mi dedo y lo sostuvo durante mucho tiempo, y me di cuenta de que todo lo que necesitaba de mí era mi compañía y mi dedo. Así que les pregunto: ¿cuántos de nosotros no podemos permitirnos dar solamente un dedo?".

Adi Secure fue uno de los supervivientes. Parecía que no importaba lo que les arrojaran, lo tomaban de buena gana y elegían vivir. Pero, cuando se cansaron de la vida, podías mirarlos a los ojos y ver una luz diferente, y sabías que se habían rendido a su enfermedad y a su soledad. Vi esa misma mirada en los ojos de Adi poco antes de que muriera.

Sin embargo, los ojos de los niños no siempre reflejaban las heridas del mal. Hubo momentos en que sus ojos eran suaves, receptivos, cansados, hambrientos de amor y de oportunidades para expresarse, o simplemente llenos de lágrimas de alegría, como el día en que María celebró su primera fiesta de cumpleaños en la Casa Vida Nueva (antiguamente conocida como PC#3). El día de su cumpleaños real, todos los niños que pudieron estar estaban sentados alrededor de la gran mesa de la sala de arriba. La tradición era celebrar en un solo día el cumpleaños de todos los niños cuyos cumpleaños caían ese mes. Así que aquí estaban todos, sentados con sombreritos de papel, esperando la fiesta grupal habitual, cuando entró la mamá de María con un pastel y velas con su nombre en el glaseado. María estaba sentada en la cabecera de la mesa con una corona de reina. Su mamá colocó el pastel frente a ella y, mientras todos cantábamos su nombre con la canción de cumpleaños rumana, ¡se echó a llorar! Ahora todos los niños y sus madres empezaron a llorar, y yo también. A partir de ese momento, celebrar el cumpleaños de cada niño se volvió la norma, y nadie volvió a sentirse infeliz en una fiesta de cumpleaños en la Casa Vida Nueva.

CAPÍTULO 19

Subvención de la otan

Pero busquen primero Su reino y Su justicia,
y todas estas cosas les serán añadidas.

— Mateo 6:33

Mientras Adi y Bob perfeccionaban el contrato de arrendamiento, yo estaba en California haciendo mi vida estadounidense. Un día, sonó el teléfono. Era Marolen, llamando desde Rumania. "¡Adivina lo que tengo para ti! ¡Tengo 115 000 dólares de la OTAN para arreglar tu edificio! Me puse en contacto con el agregado naval estadounidense en Bucarest, y solicité estos fondos en nombre de Chi Rho. Dijo que todos los años las fuerzas de la OTAN tienen fondos operativos en exceso que no utilizan. Un grupo de infantes de marina en algún lugar se encarga de distribuir las subvenciones, a las personas que lo merecen, y de financiar la divulgación en los países miembros de la OTAN. Te han aprobado una subvención para que la uses para reparar tu edificio. ¿No es genial?".

"¿Genial? ¿¡Estás bromeando!? Eso es muy generoso, Marolen. ¿Por qué no lo conseguiste para tu casa?".

"Bueno, creo que ustedes tienen un problema mayor con ese

edificio suyo que nosotros con el nuestro. Solo quería ayudarles a empezar".

Ella tenía razón.

¿Por dónde empezar? Habíamos dado el salto a nuestra Casa Vida Nueva con ambos pies y habíamos aterrizado en un gran agujero.

Aquí hay una breve lección sobre la construcción rumana prerrevolucionaria que explica el tamaño de ese agujero. Con la excepción de las casas artesanales y los edificios de las élites, durante la era comunista todos los edificios se construyeron con bloques de espuma de hormigón endurecida. Estos bloques se unían con yeso y estuco, barras de refuerzo de acero y mortero. Las cañerías de agua y alcantarillado, así como los sistemas eléctricos, se fijaron a las paredes y techos con ménsulas. Para que el edificio PC#3 fuera habitable, habría que desmontar las paredes y los techos hasta dejar las superficies descubiertas y reemplazar el conducto eléctrico y la plomería, que por la corrosión se estaban desmoronando. También era necesario instalar lavabos e inodoros nuevos para reemplazar los que fueron robados por el personal anterior y los que quedaron rotos, y esas nuevas unidades se tenían que volver a unir a las nuevas líneas de plomería. También sería necesario instalar nuevos enchufes y luces, reemplazar los radiadores de calefacción y conectar otros nuevos a un nuevo sistema de calefacción diésel en el sótano, que debía ser bombeado porque estaba permanentemente inundado con aguas residuales de la calle y de la casa misma. Para evitar que las aguas residuales regresaran al sótano, sería necesario desmontar y volver a instalar el alcantarillado lateral a la calle desde el edificio para crear la caída de elevación adecuada y que los desechos fluyeran fuera del edificio.

Sin embargo, ¿cómo cuidar a los niños enfermos, la mayoría con necesidades especiales profundas y ya en estado de shock por los cambios abruptos en sus rutinas, mientras se reconstruye el edificio a su alrededor sin nada que satisfaga sus necesidades corporales? Tendrían que vivir en otro lugar mientras se reconstruyera el edificio. Y se acercaba el invierno.

Mientras me preguntaba cuánto costaría, y mis estimaciones para financiar los gastos eran solo una conjetura, Marolen había estado colaborando con el agregado naval para organizar una subvención que financiara la reconstrucción total de CVN. Había pensado que, si podíamos recaudar al menos 75 000 dólares para instalar parte de la calefacción y electricidad, el resto vendría después. Si no hubieran actuado, no sé cuándo habría podido encontrar el dinero para hacer el trabajo.

Le pregunté a Marolen cómo acceder a los fondos. Ella no sabía cómo. "Tendrás que llamar al agregado y preguntarle. Él te lo explicará. ¡Diviértete! Nos vemos cuando vengas por aquí". Clic. Colgó. Los teléfonos móviles y la cobertura de Internet aún no existían, y las llamadas eran caras.

Llamé al agregado en Bucarest y me explicó: "Tendrás que reunirte con los encargados de las instalaciones en la embajada estadounidense y presentarles tus planes". Me advirtió que si Adi, como un rumano solitario, se acercaba a la embajada para cobrar el dinero, no se liberarían los fondos. Me dio el nombre de la persona de la embajada con quien debía contactar para liberar los fondos y comenzar el trabajo. Ahora que teníamos los fondos, pensamos que nuestros problemas habían terminado y que todo sería pan comido. Así que, en el verano de 1998, volví al avión con rumbo a Constanza.

Sin embargo, el proceso de liberación de los fondos no fue como me había imaginado. A lo largo del proceso, e incluso después de que se completara el edificio, tuve que demostrar repetidamente a los auditores enviados por la embajada que no estaba malversando ni lavando dinero a través de contactos rumanos. Nunca se me ocurrió que el personal de la embajada nos veía como una molestia y posiblemente como unos estafadores. Sin esperar nada de esto, llamamos a la embajada para concertar una cita con Mike, un oficial de servicios generales. Aunque se tomaría cuatro horas, elegimos conducir por la antigua carretera de dos carriles desde Constanza a Bucarest en el calor y la humedad del verano de 1998 en lugar de ir en tren. Necesitábamos el coche de Adi para desplazarnos por la ciudad. Una vez en Bucarest, comenzaba la verdadera aventura. Los automóviles, junto con los camiones que arrojan humo y gases de escape diésel, son como corpúsculos en los capilares que se estrujan y se frotan entre sí mientras los conductores tocan el claxon y empujan para obtener alguna ventaja percibida. Desde las afueras, atravesamos el caos y encontramos un lugar para estacionar cerca de la embajada, y luego caminamos el resto del camino. Como la mayoría de las embajadas, la estadounidense no es hospitalaria hasta que atraviesas sus puertas. Le expliqué a los militares de la entrada que teníamos una reunión con Mike. Llamaron y esperamos. Estuvimos esperando en la puerta principal otros treinta minutos, hasta que nos llevaron a una sala de recepción con aire acondicionado justo al cruzar. Mike nos recibió con Peter, otro miembro del personal de la embajada. Estaban claramente molestos por la interrupción y no se avergonzaron de mostrarlo. Esperaba otro tipo de recepción, tal vez incluso felicitaciones de un compatriota estadounidense a otro por presentarse y tratar de marcar la diferencia en un lugar difícil para trabajar en favor de algunos niños desfavorecidos. ¿No era por eso por lo que estábamos todos allí en Rumania, para servir al bien común? Pensé que aplaudirían la iniciativa de un compatriota y estarían ansiosos por ayudarnos.

Hubo una breve introducción, luego la pregunta: "¿De qué se trata todo esto?".

Con un tono amable de desarrollador de bienes raíces, conversé: "Hola, Mike. Soy Hud Staffield y este es mi socio, Adi. Nos hemos hecho cargo de un orfanato en Constanza. El agregado naval me dijo que tiene algunos fondos de la OTAN designados para que los utilicemos en la reconstrucción del orfanato y nos gustaría obtenerlos. Creo que ya sabes eso".

"Espero que no cuente conmigo para supervisar este proyecto en Constanza".

Debería haberme sorprendido, pero en ese momento me sentí aliviado al oír esa posibilidad. No quería que interfirieran. Oh, no, no esperamos que tengas que hacer eso. Nosotros nos encargaremos. Nosotros haremos el trabajo". Me dijeron que necesitaba comunicarme contigo para que se liberaran los fondos".

"Bueno, lo siento, pero no tengo tiempo para ayudarte con este proyecto. ¿Sabes cuántas luces tengo que cambiar todos los días en las instalaciones de la embajada? Además, tengo otras responsabilidades: problemas de aire acondicionado, ventanas y puertas que hay que reparar o reemplazar. Son todos edificios antiguos, y tengo mis propios proyectos de construcción. No tengo tiempo para encargarme de un proyecto de construcción en Constanza".

El agregado naval me había advertido antes sobre la ética de trabajo y las actitudes del personal de la embajada con respecto a lo que consideraba distracciones, y claramente nosotros éramos una. Antes de convertirse en agregado naval en Rumania, había sido RIO, el acrónimo de la Marina para oficial de intercepción de radar. Había estado en el asiento trasero cumpliendo con su deber en los jets de la Marina en las operaciones navales de la flota estadounidense. Los militares que trabajaban en puestos del

Departamento de Estado abordaban la resolución de problemas con una actitud definida de "puedo hacerlo." La opinión del agregado sobre el personal de apoyo de la embajada era que asumían los nuevos proyectos con cuidado. Lo que Adi y yo no entendíamos era que los trabajos de construcción con fondos estadounidenses tenían que ser dirigidos y controlados por este mismo personal de la embajada para evitar la posibilidad de malversación.

Mike continuó. "Para liberar los fondos y realizar el trabajo ustedes mismos, deberán preparar planes narrativos y especificaciones para que los revisemos y aprobemos, y también deberán preparar un presupuesto con estimaciones verificables para que coincida con el trabajo que proponen hacer. Necesitarán dibujos de trabajo y ofertas de sus subcontratistas. Deberán enviarnos todo esto para su revisión y aprobación, luego lo estudiará un miembro del personal de revisión arquitectónica de la OTAN con sede en Londres. Haremos pagos progresivos cada treinta días y, una vez finalizados, se liberará la retención cuando un auditor de la embajada firme que las especificaciones preaprobadas se han completado al 100 por ciento".

Contemplé lo que acababa de escuchar y reflexioné sobre las consecuencias para nosotros. Nada era estático; todo estaba en movimiento. ¿Cómo integrar todo esto? ¿Qué niño original sobreviviría cuando termináramos de saltar todos estos aros? ¿Cómo podría hacer que estos hombres hicieran y aprobaran los dibujos de trabajo y resolvieran sus preocupaciones en tan poco tiempo? ¿Estaban pensando en completar este proyecto el próximo año? Aún faltaban siete meses para el invierno. Nadie confiaba en nada ni en nadie. El personal de la embajada necesitaba saber que yo no me iba, que podían dejar que hiciéramos nuestro trabajo y ellos lo supervisarían, pero yo haría que les resultara fácil. Nuestra conversación continuó, pero con un mayor sentido de urgencia.

"Mike, mírame. Tengo los ojos y el cabello color café. Soy ciudadano estadounidense y he recorrido un largo camino desde California para verte. Soy un ciudadano estadounidense que está en la embajada de Estados Unidos con un problema real y sé cómo resolverlo. Soy desarrollador de bienes raíces comerciales. He construido, alquilado y administrado más de 1.5 millones de pies cuadrados de edificios en Estados Unidos. Este es Adi. Es ingeniero civil y contratista general. Sabemos cómo hacerlo. Necesitamos que liberes los fondos que nos pertenecen para poder terminar la renovación del edificio de un orfanato antes de que llegue el invierno. Esos niños están enfermos, Mike. No tienen problemas de calefacción ni de aire acondicionado ni luces para cambiar. Ni siquiera tienen suficiente electricidad para lavar la ropa, y mucho menos para calefacción y aire acondicionado. Entonces, Mike, ¿qué necesitas que hagamos para ayudarte a hacer tu trabajo?".

Justo frente a mí estaba la llave del dinero de la subvención, dinero que necesitábamos para renovar el edificio, dinero que nos pertenecía, pero no pudimos conseguirlo. Además, necesitábamos algo más para lo cual la embajada no podía ayudarnos. Necesitábamos pagar el funcionamiento de la casa todos los años y no sabía cómo conseguirlo. Pensé, *tengo que empezar a encontrar efectivo operativo ahora mismo porque las subvenciones tardan mucho en concederse. No tenemos mucho tiempo. ¿A quién voy, a dónde voy?* Como una solicitud de préstamo para un proyecto de desarrollo, pensé, ¿quién está en el mercado para financiar los gastos operativos de los orfanatos en Rumania?

Era una simple plegaria: *¿Adónde voy para encontrar los recursos para hacer esto? Las subvenciones toman mucho tiempo. ¿Quién quiere ayudarme a financiar esto?*

La respuesta llegó como un susurro, *tú lo tienes.*

No estaba seguro de haber escuchado lo que pensé que había escuchado. *¿Qué? ¿Qué fue eso?*

Más fuerte ahora llegó el susurro. *Tú lo tienes.*

Y en un instante, Él me permitió ver toda mi vida hasta ese momento para apreciar plenamente la verdad de Sus palabras. Como si mirara a través de un túnel, vi a las personas, los acontecimientos, las oportunidades, los fracasos y los éxitos de mi vida en orden cronológico, desde un momento de mi infancia en la mesa del desayuno de mi abuela.

En la casa de mi abuela en Arizona, mi momento favorito del día era despertarme y escuchar el tic-tac del reloj de la sala de estar. Era un metrónomo constante de estabilidad. Además de mi abuela, era el corazón de la casa y su casa era el lugar más seguro de mi mundo.

La chimenea de la sala desprendía el olor a humo de álamo y, con él, la expectativa de calor. De la cocina llegaban otros olores: tocino, galletas, jarabe casero y wafles. La suave mujer de cabello blanco como la nieve me alcanzaba con una sonrisa, su rostro anunciando su placer por mi presencia; luego, por fin, el abrazo incondicional.

La mesa del desayuno era el momento del día en el que mi abuela podía estar a solas con mi hermano, mi hermana y conmigo. Estar con ella era fácil. Quería estar con ella. Siempre había suficiente para comer y ella nos preparaba todo lo que queríamos. Más adelante en la vida apreciaría el método de sus lecciones, pero de niño solo notaba su calidez. Entonces, cuando ella comenzaba a hablar en la mesa del desayuno, yo escuchaba con atención. Nos contaba historias familiares y hablaba de los talentos, de un samaritano y de otras parábolas. Habló de un regalo. "Si algo llega a ti, no lo malgastes en cosas que no duran", dijo. "Si lo gastas, se va. Invierte ese regalo y se multiplicará, y te dará suficiente sobrante para cuidar de otros".

Mientras hablaba, dejé de prestar atención y dejé que mis pensamientos se escaparan. Regalos como los de los que ella hablaba, esos regalos imaginarios que elevaron a sus destinatarios a vidas con opciones y privilegios solo llegaban a personajes ficticios en historias o novelas, como *El conde de Montecristo* o *La isla del Tesoro*.

No vivas con las expectativas de los sueños, me dije. *Aun así, ¿y si eso pudiera pasarme a mí? Siempre he podido confiar en ella. ¿Qué pasaría si un regalo se hiciera realidad y un día recibiera un regalo en forma de dinero? ¿Cómo lo invertiría para que me fuera bien? ¿Tendré la capacidad de aprovechar la oportunidad? ¿Qué pasaría si la oportunidad fuera equivocada y perdiera el regalo? La riqueza podría protegerme, darme control, privilegio, respeto por mí mismo y el respeto de los demás, y lo más importante, la seguridad que viene con el control. Nadie podría lastimarme, sería demasiado poderoso. Vale la pena esperar esto, pero no contar con ello.* Pero mis pensamientos se vieron interrumpidos por las palabras que había estado escuchando. "Ahora márchense, niños. ¡Diviértanse y no azoten la puerta!". Salimos corriendo de su cocina por los escalones del porche trasero, dando un portazo mientras nos apresurábamos a encontrar aventuras.

Había llegado un regalo. Mis padres y mis abuelos habían comenzado una operación de ganadería cuando yo era pequeño. Mi abuela insistió en que se incluyera una disposición en el acuerdo de sociedad por la que una parte de las ganancias anuales del rancho recaiga en cada uno de los hijos de mis padres. Tenía dieciséis años cuando terminó la operación del rancho y recibí la inesperada suma de dinero. Diez años después, utilicé parte del dinero para comprar un terreno y construir un edificio en lo que ahora es Silicon Valley. Con algunos otros socios, desarrollamos propiedades comerciales para las emergentes industrias electrónicas y de semiconductores del condado de Santa Clara.

Mi abuela me había dado un regalo; ella sembró la semilla de la parábola del sembrador. Una vez retiradas, sus manos ahora consolarían a algunos niños que nunca la conocerían. No puedo esperar a verla de nuevo para celebrar la confianza que puso en mí.

En ese momento de conciencia, en la embajada de los Estados Unidos en Bucarest, sentí una paz abrumadora. Había habido un propósito para todo; Él me había creado y formado para encontrar a esos niños en PC#3. Lo encontré entre los niños, Su corazón escondido en un campo. Me habían dado lo que necesitaba para comprar el campo.

Respondí: "Así es. Lo tengo".

Entonces Lo volví a escuchar. *Hay algo más que quiero que veas.*

Ahí estaban mis manos saliendo de mi corazón estiradas frente a mí sosteniendo algo. No eran los niños, era su dolor, Su dolor, mi dolor. Él dijo, sostén ese dolor en tus manos. Y yo respondí: ¿Y si no viene nadie? ¡Me quedaré sosteniéndolo solo! Es demasiado pesado para mí.

¿Confías en Mí?

Sí.

Sostenlo ante la gente y esta se sentirá atraída, pero solo vendrán quienes puedan verlo.

CAPÍTULO 20

Los cuidadores

Ella vigila la marcha de su casa, y no come el pan de la ociosidad.

Sus hijos se levantan y la llaman bienaventurada…

— Proverbios 31:27-28

Gracias a ese acuerdo de primavera de 1998 con la doctora, pudimos mudarnos al PC#3 el lunes 1 de junio. Y así dimos comienzo a un inframundo de incertidumbre. El periodo de espera hizo que se materializaran mis peores temores, ya que el contrato creó un periodo durante el cual el hospital podría haber incumplido su acuerdo y revertir la dirección que las vidas de los niños estaban a punto de iniciar. En un documento rumano, la causa o intención está sujeta a las necesidades del político que interpreta las disposiciones del documento. Como me explicó una vez mi amigo, el secretario del consejo del condado de Constanza: "Soy abogado y los documentos los redactan abogados para que otros abogados los interpreten y permitan medios políticos; de ahí la proliferación de documentos".

Mientras esperábamos que llegara el 1 de junio, nos faltaban cuatro cosas para completar la transformación de PC#3 a una Casa de Vida Nueva.

Primero, necesitábamos a los niños y, junto con ellos, la jurisdicción para cuidarlos. ¿Qué era una Casa Vida Nueva sin niños? Mientras esperábamos que comenzara el plazo del contrato de arrendamiento y que el acuerdo se volviera vinculante, la doctora siguió reorganizando nuestro contrato. Los niños que habían comenzado a confiar en nosotros estaban siendo llevados a otro lugar, y otros que hasta ahora eran desconocidos para mí fueron traídos de allí. Un amigo cercano me preguntó: "Los niños con los que finalmente comenzaste, ¿los elegiste tú o te eligieron a ti?". No pude responderle claramente. Compartí una conversación con Dios que había tenido lugar durante esos días inciertos. *Estos no son los niños que quería.* Fue el Espíritu quien dijo: *Estos son los niños que Yo te he traído.*

En segundo lugar, necesitábamos un equipo de cuidadores. Mientras el personal esperaba a que comenzara nuestro contrato, cada uno de ellos tuvo que empezar a pensar en su futuro: ¿dónde encontrarían trabajo si fracasáramos?, se preguntaban unos a otros: "¿Quiénes son estas personas nuevas y qué compromiso tendrán con nosotros? ¿Podremos depender de ellos? Todas las demás fundaciones extranjeras tienen un historial de idas y venidas, y nuestras familias dependen de que trabajemos. No es legal que no tengamos trabajo".

Después de eso, necesitábamos un hogar. El edificio con el que empezamos no era habitable. En su estado actual, el antiguo PC#3 estaba apenas un paso por encima del palacio, ese cascarón de un bloque de viviendas sin terminar habitado por las familias romaníes más pobres de Constanza. Tal y como estaban las cosas, nuestros cuidadores tendrían que comprometerse a cuidar de niños enfermos y enfadados sin ninguno de los elementos básicos necesarios para su nutrición e higiene. Podía decir que teníamos un plan elaborado con la subvención de la OTAN, pero seguía siendo solo una promesa hasta que realmente comenzó el trabajo. Y, mientras se llevaba a cabo la construcción, los niños tendrían que ser trasladados a otro lugar para vivir. Este tipo de cambios drásticos y rápidos provocaban estrés en los niños, y sus arrebatos de miedo recaían sobre los cuidadores.

Finalmente, necesitábamos fe y confianza. Ahora que lo pienso mientras escribo, considero que la cuarta necesidad era tan importante como las otras tres. Creí en Dios y confié en Él. Pero necesitaba transmitir esa misma confianza al personal para que se quedara y compartiera el amor que siempre había querido brindar a los niños, pero que las circunstancias del lugar de trabajo le habían impedido dar.

La condición más odiosa que exigió la doctora bajo nuestro acuerdo fue que pagáramos para que una de sus enfermeras estuviera en casa todos los días "para supervisar las necesidades médicas de los niños a medida que surgieran". Parecía razonable durante las negociaciones, pero no tenía sentido. Si surgían necesidades, los niños iban al hospital. Lo que realmente lo hizo odioso fue el diseño del plan. Las enfermeras que nos asignaron estaban allí para informar y sembrar desconfianza en nuestro personal, tratando de alentarlos a que nos dejaran y se fueran a otro sitio. Una de ellas en particular se sentaba en la pequeña sala de la clínica y fumaba sin parar en un edificio lleno de niños enfermos. Mientras nuestro personal realizaba su trabajo diario, las informantes les susurraban rumores: "Serán despedidos cuando ocupen el edificio y permitirán que se vendan las partes del cuerpo de los niños cuando mueran". (Prácticas como esa habían continuado, aunque era inimaginable al principio teniendo en cuenta el estatus de VIH de los niños). Fue una manipulación cruel, teniendo en cuenta que un pequeño núcleo del personal realmente amaba a estos niños. Fue el amor que sentían lo que me ayudó a superar sus dudas y las de los demás ante la desconfianza que se estaba sembrando.

Ya he hablado antes de hacer frente al mal. Cada vez que venía, algunos de ellos me susurraban: "¿Es verdad? ¿Van a despedirnos cuando tengas a tu propia gente aquí? Ya no nos necesitarás. ¿Vas a deshacerte de los niños cuando mueran y vender sus órganos como partes del cuerpo para ganar dinero?".

"Ustedes son mi gente". Les pregunté: "¿Quién te está diciendo estas cosas?".

Todas las personas plantadas subrepticiamente para espiar lo hacían, pero fue su jefa, la exdirectora, quien nos dejó fuera a Adi y a mí. La enfrenté abiertamente para que nuestro personal pudiera ver o escuchar que la habían desafiado. Le dije: "Si tienes algo de dignidad personal, dejarás de decir estas mentiras o haré que te quiten".

Ella me desafió de vuelta. "No me asustas, y no puedes eliminarme. Tengo un trabajo cuando me vaya de aquí. Estoy con la fundación de doctores".

"Sé quién eres y ante quién respondes. Quiero que dejes que propagar mentiras".

En aquellos días, mi mayor inquietud era perder a mi personal. Los necesitaba. Si se fueran por temor a la seguridad laboral, tendríamos que encontrar y reclutar a un nuevo grupo de personas. Imagínese tratar de animar a una persona sin experiencia para que venga y trabaje en el entorno que estábamos a punto de desencadenar. Pero, sobre todo, quería que el antiguo personal se quedara y tuviera la oportunidad de trabajar satisfecho, sin faltarle al respeto ni abusar de él como había estado pasando.

Mantuvimos al personal comprometido con nuestros planes futuros. Les reforcé constantemente que se avecinaba un cambio positivo, todo lo contrario de lo que se ofrecía como rumores entre sus compañeros en otras juntas y entornos de atención. Todo lo que se decía de nosotros era negativo. La enorme roca en un pequeño estanque estaba destrozando el statu quo. Lo que prometíamos era tan poco característico de todo lo que habían vivido o experimentado en sus vidas. Les prometimos capacitación y apoyo. Les describimos el método de la Casa Esperanza para organizar a los niños en familias y les dijimos que trabajarían en equipos. El edificio se reconstruiría. Habría mejor comida, una cocina con equipamiento nuevo y un servicio de lavandería con lavadoras. Habría calefacción en el edificio, agua caliente para lavar y ropa para los niños. De hecho, los estábamos reclutando para trabajos que ya tenían.

Sin embargo, no todo fue de color de rosa. Después de haber visto a algunos de ellos en acción, podía imaginarme despidiéndolos. Pero acordamos que sería justo permitir que cualquiera que eligiera ser entrevistado y quedarse conservara su trabajo si decidía someterse a la revisión del puesto. Esto también era inaudito en Rumania: ¿hacer una entrevista para un trabajo? En el Estado comunista, completabas tu formación y te colocaban en el puesto para el que te habían formado. A partir de ese momento, no recibías apoyo ni recursos y no podías ser despedido, solo transferido.

Esperaba despedir a una mujer en particular. La había visto en acción y pensé que conocía sus sentimientos hacia los niños. Había visto cómo los niños la molestaban mientras ella hacía sus tareas domésticas. Era una infermier, es decir, el personal más bajo: asistente de las enfermeras y otro personal profesional, encargada de limpiar los desastres. Llevaba una bata azul de trabajo y zapatos de madera o lona. No esperaba que me diera cuenta cuando golpeó a los niños con una escoba porque la habían provocado.

Para mi sorpresa, pidió una entrevista. Nunca olvidaré esta experiencia, y ella tampoco. Junto con otras cinco mujeres clave del personal, fue la primera en entrar y en sentarse sola frente a nosotros. Éramos tres personas y un intérprete. Se sentó con dignidad, erguida en su silla. Su porte denotaba humildad, intimidación y confianza a la vez. Llevaba su mejor falda, zapatos de vestir y un sombrero. Tenía las manos cruzadas sobre el regazo, sosteniendo una pequeña bolsa.

Le pregunté: "¿Por qué te gustaría quedarte y trabajar aquí?". Con confianza y en voz baja, me respondió a través del intérprete, sin buscar palabras. "Hemos oído rumores sobre lo que vas a hacer aquí. Entendemos que aquí habrá mejores condiciones para los niños, que habrá mejor alimentación y mejorarán las condiciones de vida".

"Eso es cierto, pero ¿por qué quieres estar aquí?".

Con la misma voz suave, dijo: "Quiero tratar de explicarte algo: ¡amamos a estos niños! A algunos los conocemos desde que eran bebés. Trata de entender cómo es ser la única persona aquí por la noche, sola con cincuenta y dos niños. No hay calefacción y hay muy poca comida. Están sucios y hambrientos. Mientras estás arriba, los niños de abajo, sabiendo que están solos, harán mucho ruido. Cuando bajes para calmarlos, los de arriba empezarán a hacer ruido. Has estado aquí todo el día y estás cansada. Podrías arrepentirte de haber hecho cosas. Pero ¿cuántos de nosotros hemos vivido vidas con circunstancias que nos harían rogar a Dios por la oportunidad de volver a vivir? Si esta va a ser una casa de nueva vida, con suficientes recursos y capacitación para hacer nuestro trabajo y cuidar a estos niños como es debido, quiero estar aquí".

"¡Estas con nosotros!", dijimos. Algunos de los otros miembros del personal, después de esperar su turno para hablar con nosotros, se unieron a ella. Se convirtieron en el núcleo de un nuevo grupo de cuidadores.

Fue el amor y el coraje que mostró lo que abrió los corazones de sus colegas y les permitió dar un paso adelante y hablar. Ella trajo consigo la voluntad de confiar en nosotros. Nunca la olvidaré.

Veronica Zaharia: esta encantadora mujer trabajó más allá de su edad de jubilación obligatoria hasta 2020, cuando tuvo que quedarse en casa para cuidar a su marido. Se ocupaba de la casa. Estaba allí para supervisar al resto del personal femenino. Nunca dejó de aprender y mantuvo registros impecables de los medicamentos de los niños, así como otros registros médicos. Sabía sus tallas de ropa, comidas favoritas y les traía a todos las golosinas que les gustaban. De hecho, ahora viene de visita para ver a sus colegas y cortar el pelo a los niños. Sabe el cumpleaños de cada niño. Junto con las otras mujeres del personal que todavía están con estos niños, no podría amar y respetar a nadie de mi familia más que a la mujer a la que llamamos Vero.

Hay otra mujer que fue compañera de Vero desde 1992. Se sentiría avergonzada si usara su nombre. Generalmente, tiene una expresión implacable y es de naturaleza estoica. Cuando entrevisté recientemente al personal uno a uno, me dijo: "No se lo digas a nadie. Mi rostro no refleja lo que siento por estos niños". Todavía está allí.

Había surgido el núcleo de un personal, pero había una casa que necesitaba construirse. El personal era de vital importancia, pero su lugar de trabajo todavía no estaba listo y se acercaba el invierno.

CAPÍTULO 21

Se necesita un defensor

Yo rogaré al Padre, y Él les dará otro Ayudante,
para que esté con ustedes para siempre.

—Juan 14:16

A solo ocho meses del invierno, Adi y yo teníamos treinta y cinco niños esperando nuestro cuidado sin un lugar donde vivir. Desde que los conocí, ya habían superado la primera infancia. Eso significaba que todas las cunas a las que habían estado confinados en grandes pabellones, incluso a los cinco y seis años, debían ser desechadas y reemplazadas por habitaciones más pequeñas con literas. Necesitábamos personas con las habilidades necesarias para trabajar de manera cohesiva con niños con necesidades especiales que nunca habían conocido otra cosa que no fuera el confinamiento aislado. En resumen, PC#3 tal como lo conocíamos debía desaparecer.

Adi y yo nos marcamos un plazo para completar la transformación antes del 1 de noviembre. La planificación y el establecimiento de objetivos eran sencillos; las tareas y el tiempo necesario para lograr todo lo que necesitábamos, no. Muchas tareas tenían que completarse rápidamente y de manera exhaustiva en un entorno en el que las agencias no eran conocidas por cooperar de manera eficiente. Necesitábamos que alguien nos precediera y que Él nos trajera intercesores.

Como he mencionado, ya teníamos claras nuestras prioridades para las renovaciones. Necesitábamos un arquitecto que nos diseñara un plan con nueve suites familiares, con capacidad para cuatro niños por suite. A continuación, necesitábamos un conjunto completo de dibujos de trabajo para estimar los costos, seguido de un presupuesto aprobado por el Gerente de Instalaciones de la Embajada de los Estados Unidos para que coincidiera con nuestra subvención y un contratista rumano capaz de terminar la construcción rápidamente y sin demasiados retrasos causados por subcontratistas desmotivados.

Cuando el edificio estuviera casi terminado, necesitábamos hacer una transición sin problemas con la instalación de dieciocho nuevas literas importadas, nuevos equipos de cocina y una cocina completamente abastecida con alimentos frescos y congelados. También necesitábamos productos de higiene básicos para primeros auxilios, medicamentos, toallas, jabones y cepillos de dientes. Y juguetes. Por último, pero no menos importante, para cubrir legalmente nuestras actividades y procesos de administración de dinero, necesitábamos dos corporaciones sin ánimo de lucro válidamente constituidas, una aprobada por un tribunal rumano y la otra por el IRS (Servicio de Impuestos Internos de Estados Unidos).

A pesar de todo esto, nunca sentí que estuviera fuera de sincronización con el plan que me dieron o con mi socio. Nuestra voluntad de ayudarnos mutuamente nos permitió aportar lo que el otro no podía, y nuestras diferencias culturales se mezclaban fácilmente debido a nuestra fe compartida. Él había registrado su propia fundación libre de impuestos y seguimos sus pasos para legalizar a Chi Rho en Rumania. Formar la entidad rumana era relativamente fácil. En Rumania, un tribunal debe pronunciarse sobre la legalidad de la actividad de la corporación y aprobar su documentación. Luego, un notario revisa y aprueba el expediente de la corporación, la registra y la identidad del solicitante se convierte en una cuestión de registro público.

Chi Rho también necesitaba existir en Estados Unidos, y volví a casa con la ingenuidad de pensar que el proceso sería tan fácil como en Rumania. De hecho, resultó ser fácil, pero solo porque la Mano en la puerta abierta nos proporcionó cuatro defensores más.

Me dieron el nombre de un abogado que podría ayudarme a obtener una solicitud del IRS para obtener la exención de impuestos. Me dijeron que era un defensor de la ley más allá de lo que esta dicta. Lo llamé y aceptó verme. (Nuestra conexión con la Marina continuó aquí: este hombre se graduó en la Academia Naval de los Estados Unidos y se retiró como capitán tras servir como oficial de fuerzas especiales de rescate).

Le expliqué a nuestro nuevo asesor que necesitaba una base aquí, en Estados Unidos, para recolectar donaciones con las que financiar un centro hospitalario en Rumania para cuidar a niños con necesidades especiales. Percibió la ingenuidad de mi petición. Él respondió con cautela que obtener el estatus de exento de impuestos del IRS llevaba tiempo y que podrían dificultar el proceso de aprobación del solicitante si lo decidían. No era una persona superficial; me permitió explicar por qué no tenía mucho tiempo. Le describí PC#3 y la situación de sus residentes, y le expliqué que el hospital había comenzado a retener los recursos para su cuidado con el fin de ajustar su propio presupuesto.

Le dijo a su secretaria que me enviara el papeleo de la solicitud. Cuando llegó, se me encogió el corazón. Su contenido era tan indescifrable para mí como los jeroglíficos. No pude superar este embrollo administrativo. Necesitaba un director financiero, alguien que diera forma a los orígenes de Chi Rho y completara la solicitud con el IRS, y necesitaba encontrar a alguien con urgencia. ¿A quién debo pedir ayuda? ¿Dónde encontraría a alguien capaz de darme tanto de su tiempo? Comencé a orar para que el Espíritu Santo me ayudara a encontrar a esa persona.

Los domingos solía ir a escuchar a un amigo dar una clase. Escucharlo era refrescante, porque sus lecciones eran de experiencia personal, estaban llenas de contenido bíblico y las sesiones de preguntas y respuestas eran animadas e invitaban a la reflexión. Mientras estaba sentado escuchándolo, el Espíritu me dijo: *"Pídeselo a tu amigo Ken"*. Me reí.

"¡Él dirá que no! Lleva semanas hablando en sus lecciones sobre vivir de manera intencional, no de manera extemporánea. Ha dejado de ser voluntario y tiene límites estrictos para asumir algo nuevo. ¡Él dirá que no! Y apenas lo conozco".

Pídeselo a Ken.

Después de la clase, me acerqué a él y le dije: "Ken, estoy creando una organización sin ánimo de lucro para financiar la atención de algunos niños enfermos y seropositivos en Rumania. Necesito un director financiero que complete los formularios de solicitud del IRS de inmediato. Necesito tu ayuda".

Él dijo: "Sí, lo haré. ¿Por qué no vienes a mi oficina esta semana y me enseñas lo que necesitas?".

Así de fácil dijo que sí. Conocía a Ken solo porque asistía a sus clases los domingos. Más allá de la situación de verme la cara en su salón de clases, él no me conocía. Esa misma semana nos reunimos en su oficina, dejé la pila de documentos en su escritorio y le expliqué la urgencia. Le conté de la advertencia de nuestro abogado en torno al proceso de aprobación y Ken dijo: "Está bien, puedo hacer esto. ¿Juegas al golf?".

Ken es un tipo inusual. Esa semana había estado escuchando al Espíritu porque se había quejado en voz alta con su mujer de que no tenía con quién jugar al golf. Ken siempre dijo que su mujer tenía un sexto sentido para detectar tonterías, y añadía: "Y eso que crecí en Brooklyn".

Cuando escuchó su lamento por sentirse solo, ella no dudó en decirle: "Bueno, ¿por qué tendrías con quién jugar? Nunca le pides a nadie que vaya contigo ni haces nada con nadie más. Solías hacerlo, pero ya no".

Ken decidió que la forma de aliviar su soledad autoimpuesta era vivir la disciplina de las Bienaventuranzas, una de las cuales es la misericordia. La misericordia, dijo, consiste simplemente en decir sí a una necesidad cuando está dentro de tu capacidad ser misericordioso. Por lo tanto, Ken había resuelto que durante una semana ejercería las cualidades de la misericordia y ayudaría a cualquiera que le pidiera ayuda. Y, como indica el Espíritu, resulté ser yo una de esas personas. En su oficina, me preguntó si jugaba al golf. Sí, jugaba. Antes de que cada uno se mudara a un estado diferente, jugamos al golf casi todas las semanas y seguimos siendo amigos espirituales. En menos de una semana, envió la solicitud completa del IRS a nuestro abogado, quien se ocupó del asunto.

Algunas solicitudes de organizaciones sin ánimo de lucro pueden permanecer durante meses, e incluso años, en las oficinas del IRS. Nuestro defensor, en su sabiduría, compartió nuestra solicitud con una persona que conocía allí. Dijo que era mayor, judía y abogada. Más tarde me dijo que había sacado el archivo de la pila de su escritorio y añadió: "Esta es la primera solicitud legítima que he tenido en meses. Haré que pase". Cuando obtuvimos una decisión condicional del IRS en abril de 1998, el proceso llevaba solo unas cuantas semanas.

Ahora teníamos los niños, la autoridad para administrarlos y el estatus legal tanto en Rumania como en Estados Unidos. Solo quedaba un obstáculo importante.

El 1 de junio de 1998, cuando comenzó nuestro contrato de arrendamiento, teníamos que estar listos para comenzar las obras y terminarlas en nuestra fecha límite de noviembre. Adi y yo esperábamos poder trabajar con los niños alrededor y que estuvieran en el edificio, pero era una ilusión; igual de ilusorio era reasentar a treinta y cinco niños pequeños y sus cuidadores. Todo esto parecía una tarea imposible de manejar: ¿dónde los pondríamos?, ¿quién los aceptaría y por cuánto tiempo?, ¿cuánto costaría? Necesitábamos otro aliado.

CAPÍTULO 22

El campamento

No tienen, porque no piden... Dios resiste a los soberbios,
pero da gracia a los humildes.

—Santiago 4: 2, 6

Mi hermano Adi tenía muchos dones terrenales y espirituales. Uno de ellos era su habilidad para crear redes. Era bueno en eso porque amaba a la gente. Cuando yo juzgaba a alguien, él me decía: "Hud, no son solo una persona, es un alma". Para un hombre tan pragmático, la gracia de *su* alma era inconfundible. Las personas que conoció podían sentirlo y se lo retribuirían cuando les pedía ayuda.

Ya fuera su familia, la iglesia de su propia comunidad, la iglesia en todo el mundo, amigos antiguos y nuevos o antiguos contactos que fueron la base de su carrera, pudo recurrir a las relaciones con cientos de personas con propósitos diversos y útiles. Tras graduarse en la universidad, fue contratista general y gerente de proyectos del departamento agrícola rumano. Su trabajo lo llevó a la mayoría de las ciudades y distritos rumanos con producción agrícola. Conocía a líderes sindicales, funcionarios y políticos de todo el país. Gracias a ello, pudo afirmar por experiencia propia que en Rumania se necesitaba mucho tiempo para vivir: *si se seguían las reglas.* Gracias a sus conexiones laborales, encontramos un domicilio temporal y seguro para que los niños se quedaran mientras se reconstruía PC#3.

Mamaia es un balneario ubicado en Constanza, en el Mar Negro. Sus millas de costa están llenas de hoteles y complejos turísticos junto al mar. Es muy conocido en Europa por ser un destino vacacional de verano. En época estival, la población de Constanza aumenta de 300 000 a más de un millón de habitantes cuando los visitantes vienen a pasar sus vacaciones a la playa. Eso provoca que la vida en la ciudad, como es de esperarse, sea un poco caótica. Pero más arriba en la costa, a unas cuantas millas de Mamaia, un sindicato poseía un tranquilo campamento de descanso y recreación reservado para sus miembros más elitistas y sus familias, donde podían alejarse del calor del verano. Tenía dormitorios, cocina, parques infantiles, canchas deportivas y acceso a la playa. Adi me llamó para decirme que nuestros niños y sus madres podían ir a vivir allí mientras se reconstruía PC#3, desde julio hasta finales de octubre de 1998. El gasto era de 10 000 dólares. Aceptamos la oferta rápidamente.

Fui a ver el campamento poco después de que nuestros niños y el personal se mudaran. En comparación con PC#3, este lugar no tenía las limitaciones que tenía el anterior. Los alimentos disponibles para ellos llegaban en abundancia y, por primera vez en sus vidas, había mucho para comer. Una vez, durante el desayuno, vi cómo una de las niñas, Petra, consumía ocho pequeños tazones de leche con pan, uno tras otro sin parar.

Petra nunca ha podido pronunciar una palabra, pero siempre ha conseguido lo que ha querido. Las habilidades de comunicación no verbal que el personal y los niños con necesidades especiales tienen entre ellos van más allá de la intuición. Ni una palabra de los niños, solo sonidos y expresiones con gestos, y sus madres saben hacia dónde va la conversación. Todo es amor. Ese día en el campamento, Vero y la mamá de Petra intentaron tranquilizarla asegurándole que habría más pan cuando lo necesitara. Los niños que hablaban me preguntaron: "¿Cuánto durará este nuevo programa?", es decir, el campamento y la comida. "Ha habido otros programas antes, ¿y nos dejarás también?".

Les pregunté a las mamás si podría pasar algunas noches con ellas en el campamento. Cynthia y yo teníamos nuestro propio piso alquilado para quedarnos cuando veníamos a verlos. Era cómodo y era nuestra casa mientras estábamos allí, pero quería poder contarles a los de casa lo que experimentaban y vivían los niños y el personal en el campamento. Empujé una cama dentro de un clóset y pasé dos noches allí.

La primera noche desperté al oír a Vasilica llorar con fuerza. Es una niña con necesidades especiales bastante graves. Era algo común para ella y para algunos de los otros niños. Era horrible escuchar eso. Era un sonido primal y visceral, y ella lloró durante horas. Me quedé allí escuchando durante más de una hora, hasta que sus madres llamaron a la puerta del clóset pidiendo ayuda. Me acerqué a Vasilica y la envolví en mis brazos como si fueran una manta. Susurré oraciones y palabras de consuelo en su oído mientras la mecía, y finalmente se durmió. Lo hizo de nuevo la noche siguiente, así que repetí mis oraciones y la arropé de nuevo, y esta vez se durmió más pronto. Ella dejó de hacerlo esa noche y permaneció en silencio durante las noches siguientes, salvo por algunos incidentes esporádicos en años posteriores.

En mis oraciones por Vasilica, invoqué al Espíritu en el nombre de Cristo para que llenara su corazón con Su presencia y expulsara el miedo al mal con el que había vivido desde pequeña. Se lo susurré al oído una y otra vez. Esta era la oportunidad que anhelaba: ser testigo ante los niños de que sus cicatrices y dudas podían curarse y reemplazarse con el amor de Dios por ellos. Esos recuerdos de abandono y abuso no se olvidan, pero la esperanza puede restablecerse cuando alguien en quien aprenden a confiar los recibe con amor cuando lloran.

Al día siguiente, tras pasar la segunda noche en el campamento, algunas de las madres que había conocido desde los primeros años de visita a PC#3 me dieron una sonrisa y me dijeron: "Sabemos por qué estás aquí. Nos estás espiando". Los rumanos son muy dados a conspirar y a ser directos al respecto. Les contesté: "No, no estoy espiando. Quiero saber cómo es este lugar para que ustedes y los niños vivan y cómo reaccionan a la liberación del antiguo sistema. ¿Cómo puedo decirle a la gente en casa cómo es realmente para ustedes aquí?". No sé cuántas de ellas me creyeron; no importa. Quería vivir como lo hicieron, en un piso rumano o en el campamento, no como un visitante en un hotel.

El llamado en mi corazón para estar en el campamento (o al menos en Constanza) no solo nació de la curiosidad por el lugar. Mi curiosidad se vio impulsada por mi interés en el personal y en las circunstancias cotidianas de los niños: ¿qué injusticias sufrieron y por parte de quién o qué? ¿Cuáles fueron sus alegrías? ¿Qué necesidades tenían que no pudieran o no se atrevieran a contarme? Nosotros, los estadounidenses, realmente los cuidamos. No puedo explicar por qué fueron estos pocos y no tantos otros, excepto que Dios me los dio para mostrárselos a la gente.

La gente todavía me pregunta: "¿Por qué fuiste allí?". Los que conocen al Padre pueden entender mi sencilla respuesta: me dijeron que fuera allí para ver lo que Él quería que viera. Fue una llamada a mi corazón. Así que quería conocerlos y quería que ellos me conocieran a mí. Creo, por mi fe en Cristo, que soy Su cuerpo por Su gracia y misericordia. Si me conocieran a mí, entonces conocerían a Jesús y que Él los ama. Es algo sencillo de proclamar y de lo que podemos sacar fuerza cuando aceptamos plenamente la resurrección de Jesús y su amor redentor. Por el privilegio de ver a Dios obrando a través de mí durante muchos años, para que ellos lleguen a saber después de muchos años que son amados, y para ver a estos últimos de los últimos y a sus mamás capaces de confiar y devolver el amor... ¡no hay palabras adecuadas para describir lo que siento en abundancia!

Después de pasar dos noches en el campamento, Adi fue a recogerme y, antes de volver a mi departamento, me invitó a conocer al director del campamento. Se trataba del hombre con quien Adi había hecho los arreglos para que los niños tuvieran un lugar donde vivir. El director quería hablar conmigo porque sentía curiosidad por el hombre estadounidense que había en su campamento.

"Adi, solo quiero irme a casa", le dije. "Estoy cansado, ¡no quiero socializar más!". Pero Adi insistió en que lo conociera.

La oficina del director del campamento estaba en un edificio independiente, apartado de los dormitorios, la cocina y los comedores. La oficina exterior del secretario en realidad tenía una secretaria: una mujer rubia y robusta que llevaba un vestido blanco y nos ofreció café, té o algo más fuerte. Esperamos los cinco minutos prescritos antes de que se nos permitiera entrar en la oficina privada del director. Fuimos recibidos por una figura imponente. El hombre era alto, medía seis pies y cinco pulgadas, tenía el cabello negro, un traje y una corbata negros, anteojos negros y una camisa blanca perfectamente planchada. Sin embargo, a diferencia de su imponente tamaño y título, me estrechó la mano con una sonrisa abierta y una actitud afable. En la vitrina que había detrás de él había una pistola automática Glock, botellas de vodka, agua mineral y coñac de ciruela rumana. *¡Perfecto!*, pensé. *¡Esto completa la imagen de lo inesperado!*

Así es como conocí a Dan y nos hicimos muy buenos amigos. Dan es muy bien intencionado. Es honesto, directo y hace preguntas transparentes, y como me lo describiría más tarde Adi, "no es un tiburón, Hud". Adi conocía muy bien al padre de Dan por haber compartido proyectos de trabajo con él durante el régimen de Ceauşescu. El padre de Dan encabezaba un sindicato muy poderoso del Partido Comunista. Adi dirigió la división de construcción del departamento agrícola y juntos consiguieron mover muchas cosas. Adi sabía de Dan y su puesto como director del campamento, y Dan sabía de Adi a través de la relación con su padre.

Los informes de un hombre estadounidense que trabajaba con niños huérfanos en Rumania habían despertado la curiosidad de Dan. Su inglés es excelente y, tras unas bromas, comenzamos nuestra conversación con la siguiente pregunta: "¿Por qué haces esto? Es habitual ver mujeres expatriadas que trabajan aquí para organizaciones de ayuda. Adi dice que eres un hombre de negocios".

Como la mayoría de los rumanos, Dan pertenece a la Iglesia Ortodoxa. A él y a mis otros amigos de la fe ortodoxa sus madres o abuelas les habían contado de niños que, si eran amables con los demás, serían bendecidos a cambio. Dan describió a su esposa como una mujer devota que cuidaba de los demás y rezaba todos los días. Dan es un hombre muy cariñoso que ama a su esposa, su hijo, sus perros y lo dice abiertamente. Después de ser elegido para el Parlamento y tras varios años en la política, finalmente se retiró y se dedicó a dar clases como profesor en la universidad local.

Todo esto para decir que él también sentía las necesidades que veía a su alrededor, pero no pudo permitirse actuar en consecuencia. En el mundo de Dan, tales expresiones de sensibilidad se considerarían una debilidad profesional y se aprovecharían en su contra. Nunca dejas de estar alerta. Corres el riesgo de parecer vulnerable. Las personas más dispuestas a actuar y arriesgarse son las mujeres porque, en una sociedad patriarcal como la rumana, tienen menos que perder. Dan quería saber por qué un promotor inmobiliario estadounidense estaría en Rumania haciendo lo que yo estaba haciendo si no tenía un Dios al que seguir y una fuerte creencia en ese Dios. Quería saber qué fe profesaba yo.

De hecho, mi impresión inicial de Rumanía, en los primeros años posteriores a la revolución, se la debo a mis interacciones con la mayoría de los rumanos en general, y con Dan en particular.

Inicialmente, las personas parecían duras, curiosas, calculadoras e incluso a veces hostiles, excepto las mujeres mayores de la iglesia. Cuando les pedía ayuda o un favor, generalmente querían entender mi intención: ¿por qué iría tan lejos para ayudar a personas tan indefensas? Luego, después de expresar mi agradecimiento por la amabilidad con los niños, respondían con actos de bondad hacia mí y, en última instancia, hacia los niños. Como hizo Dan.

Pero ahí es donde generalmente se detienen las muestras de bondad. No inician actos de sacrificio personal, excepto con la familia. Los actos de servicio comunitario serían una infracción a los programas de asistencia social del gobierno o de responsabilidad municipal y llevarían al alma caritativa a un callejón sin salida, e incluso podrían provocar la retribución del gobierno. Las iglesias evangélicas se extienden más de lo que hace la Iglesia ortodoxa en cuanto a la oportunidad de evangelizar, pero, como individuos, los amigos ortodoxos que he hecho estaban dispuestos a ayudar porque percibían la necesidad y daban lo que podían generosamente.

Esto se hizo aún más evidente poco después de que los niños regresaran a la Casa Vida Nueva y yo volviera a California. Llamé a Adi para decirle que habían pasado varias semanas desde que nos mudamos a CVN y todavía no había recibido ninguna factura del campamento. Me dijo que la obligación de pagar 10 000 dólares por quedarse allí tres meses había sido perdonada.

La vida que los niños y el personal experimentaron en el campamento fue un suave preludio de su nueva vida. Chi Rho contaba ahora con un presupuesto para cubrir sus necesidades. Su menú cambió; por primera vez, se volvió variado y nutritivo, y había suficiente para que tomaran tanto o tan poco como desearan. Su ropa se volvió específica de género y ajustada individualmente. Sus mamás se encargaban de recoger y limpiar su ropa, y ahora tenían acceso a lavadoras. Y, por primera vez, podían balancearse en los columpios y lanzarse por las resbaladillas. Podían caminar hasta la playa y comprar golosinas en los puestos que atendían a los turistas, o sus madres les traían regalos y golosinas caseras.

Siempre habíamos querido saber quiénes eran. Cynthia y yo nos organizamos con el director asistente de CVN para entrevistar a cada niño. Nos sentamos en los escalones y hablamos con cada niño uno por uno. A los que podían hablar, les preguntábamos: "¿Cómo te llamas? ¿Cuál es tu color favorito? ¿Cuál es tu comida favorita? ¿Qué quieres ser de mayor? ¿Cuántos años tienes?".

Una de las pocas respuestas que recuerdo fue la de Bumba, que decía: "¡Estoy crecido!". En realidad, lo que quería decir es que todavía estaba vivo. Y añadió que quería ser piloto de aviones.

Pero esos hermosos momentos aún estaban por llegar. Mientras los niños todavía estaban en el campamento, nuestra tranquilidad se vio interrumpida de manera brusca cuando una tarde nos encontramos a las madres llorando. El personal del hospital había ido al campamento en furgonetas para recoger a los niños y hacerles pruebas sin previo aviso. Entraron sin más, agarraron a los que quisieron por el brazo mientras los niños chillaban de terror y las madres protestaban, y los metieron en las furgonetas. Los niños sabían lo que se les venía encima: grandes agujas para adultos para retirar muestras de sangre para apoyar los experimentos de la doctora. En ese momento, no había experimentos legítimos de naturaleza significativa que avalaran dicha recopilación de datos. Aún no se estaban distribuyendo los antirretrovirales (ARV). La doctora simplemente veía a los niños como si fueran su propiedad y reafirmaba su autoridad.

No estoy exagerando. Cuando los niños fueron devueltos esa tarde, hubo lágrimas, abrazos y risas en toda la nueva familia Chi Rho, pero sus esperanzas de paz habían sido pisoteadas, como la autora del incidente sabía que pasaría. Había sido un juego de poder. La nueva vida que habíamos prometido era una en la que los niños y sus madres creían, y para protegerla sería necesario enfrentarse claramente a ella. Le pedimos al hospital que nos informara cuándo necesitaban ver a los niños y que respetara nuestro horario diario para poder preparar a los niños y dejar espacio para que sus madres los acompañaran al hospital a hacerse las pruebas, como cualquier madre normal haría con sus hijos.

Cuando la doctora nos ignoró y volvió a llevarse a los niños después de que se hubieran mudado a su nuevo hogar en Casa Vida Nueva, me enfrenté a la enfermera que, según nuestro acuerdo con el hospital, debíamos mantener como presencia supervisora. Esta enfermera era una de las ejecutoras de la doctora y la exdirectora de PC#3, y le dije sin rodeos: "Si no acepta estas condiciones, llamaré a la policía y les diré que está secuestrando a nuestros niños en contra de nuestros deseos. Cerraré la puerta principal con llave hasta que la policía venga a proporcionarnos protección. Dígale a la doctora que no tiene autoridad aquí a menos que decida cooperar". Esperaba que no llegara a eso, pero qué ironía tan deliciosa: las posiciones se habían invertido.

Mi objeción se mantuvo y nuestro personal y la nueva directora insistieron en que se respetara nuestra soberanía como familia. Esta fue una nueva vida de hecho en Rumania.

Uno de mis recuerdos favoritos de esa época llegó durante una tarde de verano de 1998, justo antes de volver a casa. Teníamos una última cosa que hacer antes de que Adi me llevara al aeropuerto. Condujimos para ver el trabajo en marcha en PC#3. Nos paramos frente al edificio durante unos minutos y contemplamos lo que estábamos viendo. PC#3 estaba desapareciendo. Habíamos visto muchos sitios de construcción durante nuestras carreras. Pero el impacto de esta actividad de construcción nos dejó tan boquiabiertos que no pudimos hacer nada más que mirar el edificio.

Luego, sin hablar, nos alcanzamos inconscientemente y enlazamos los brazos como dos ancianos para sostenerse, y salimos juntos por la puerta principal. Fuimos de una habitación a otra, aferrándonos el uno al otro, sin decirnos una palabra. Los trabajadores nos miraron, se encogieron de hombros y siguieron con su trabajo sin decir nada.

Cuando regresamos al automóvil, nos sentamos y miramos por la ventana delantera durante unos momentos, en silencio, hasta que finalmente dije: "Adi, tú y yo hemos visto el sol, la luna y las estrellas, y hemos visto nacer a nuestros propios hijos. Eso debería ser un milagro suficiente en la vida. Pero cuando caminamos por un edificio en construcción que hemos visto cientos de veces, nos quedamos sin palabras. ¿Cómo se explica eso?".

"Hud, cuando piensas en lo que Dios tuvo que hacer para lograr esto, es un milagro. Tuvo que derribar la cortina de hierro, derribar a un gobierno y eliminar a Ceauşescu; de lo contrario, no habría podido llegar hasta aquí. Los dos tuvimos que convertirnos al cristianismo y nos encontramos. Organizó que el gobierno nos diera este lugar. Y hizo todo eso para salvar a unos cuantos niños a los que nadie quería. Todas estas cosas son un milagro, por eso estamos sin palabras".

Esto fue una verdad absoluta y me trae a la memoria mi mejor recuerdo. Desde junio hasta noviembre de 1998, se reconstruyó PC#3. Bajamos el letrero del gobierno que estaba sobre la puerta, que decía *Post Cura #3*, y lo reemplazamos con uno nuevo que ponía *Casa Viata Noua*, o *Casa Vida Nueva*. Debajo hay un pasaje de Marcos 10:14: "Dejen que los niños vengan a mí; no se los impidan, porque el reino de Dios pertenece a los que son como ellos".

Dios nos había llevado a una prisión médica sucia, con niños enfermos y moribundos con necesidades especiales. Al verle a Él hacer esta transformación, creció mi fe para afrontar la tormenta que se avecinaba.

CAPÍTULO 23

Dudas y paciencia

"Si diriges bien tu corazón y extiendes a Él tu mano,
Si en tu mano hay iniquidad y la alejas de ti...
Estarás firme y no temerás".

—Job 11: 13-15

Los inviernos en Constanza pueden ser muy fríos. Su lugar en el mundo está más al norte que la latitud de Chicago, y al igual que la ciudad de los vientos, está situada junto a un gran cuerpo de agua. Los vientos predominantes que traen temperaturas de la estepa siberianas y a través del mar Negro no tienen nada que interrumpa su viaje. Hay momentos en que el mar Negro se congela. Las personas que intentan viajar entre Bucarest y Constanza durante los inviernos severos ponen en riesgo su vida, resbalando en las carreteras heladas o quedando aisladas en fuertes ventisqueros y muriendo congeladas antes de que puedan ser rescatadas. Para el viajero impaciente o desprevenido, los inviernos rumanos son inhóspitos y poco agradables.

Mi tiempo para esta visita de 1999 había terminado y quería irme a casa. Estaba agotado. El hospital rumano y los servicios sociales me habían superado, pero no era seguro que pudiera volver a casa.

Ese año, el invierno fue muy frío y nevó más de lo habitual. La carretera de Constanza a Bucarest estaba cerrada al tráfico de automóviles y camiones, y solo se permitía viajar en tren entre las ciudades. Las dudas sobre si volvería a casa se apoderaron de mi corazón.

A pesar del clima, muchas otras cosas tendrían que ir bien para poder llegar a casa. Hasta hoy, después de más de sesenta viajes de ida y vuelta, es decir, 778 800 millas o treinta y una vueltas alrededor de la Tierra, nunca lo doy por sentado. Las probabilidades están en contra. Cuando me levanto de la cama en Constanza y doy mi primer paso de la mañana para comenzar el viaje, mi oración es: "Si es tu voluntad, Padre, me gustaría ahora ir a casa". Y cada vez que llego a casa con seguridad, agradezco a Dios que haya dirigido mis pasos.

La ingenuidad de algunos me ha llevado a escuchar cosas como: "Si estás en la voluntad de Dios, las dudas nunca entrarán". Cuando reflexiono sobre esas ideas, me quedo con este pensamiento: *Me pregunto ¿en la voluntad de quién estás?* No conozco ninguna relación honesta que esté libre de dudas de vez en cuando. Si Dios es más que una idea, tendrás noticias suyas, y si lo estás siguiendo, la duda es una emoción normal que experimentar como consecuencia de esta o cualquier otra misión.

A finales de 1999, tenía muchas razones nuevas para dudar de sus propósitos, y viajar era la menos importante. Ahora que los niños estaban en su nuevo hogar y se había levantado el velo del abuso, el espectro de necesidades que exhibieron se manifestó en forma de expresiones viles y comportamientos rebeldes. Tras el abuso del Estado, que intentó sacrificarlos institucionalmente, nuestros niños recibían ahora reconocimiento individual y el amor de sus cuidadoras. Sin embargo, en sus nuevas circunstancias de vida, que llegaron de forma repentina, el contraste entre el presente y el pasado era demasiado para ellos. Nunca habían aprendido a confiar en nadie. También tenían dudas y las expresaron como sabían.

Para ser absolutamente claros, la situación de los niños era mucho mejor que la anterior. Teníamos lo que queríamos: estábamos en la Casa Vida Nueva recién remodelada, y no podían bloquearnos. Las rutinas diarias de los niños estaban bajo nuestro control. Ya no eran ratas de laboratorio pediátricas para la investigación del VIH de la doctora y de la administración del hospital. Aun así, como escribí en mi informe de viaje, la gama de necesidades estaba creciendo y la dificultad para encontrar recursos que las cubrieran aumentaba la complejidad de nuestro programa.

Todos ellos tenían cicatrices psicológicas causadas por el abuso y el abandono. De los treinta y seis niños con los que comenzamos el 1 de junio de 1998 en Chi Rho, treinta y dos permanecieron bajo nuestro cuidado. Todos menos dos eran positivos en VIH. Informé de diferentes números de niños en PC#3 cuando visité Chi Rho por primera vez y más tarde, bajo nuestro cuidado, en 1998, porque hasta junio de 1998 los habían estado trasladando de un lugar a otro y yo no tenía autoridad para preguntar por qué los cambiaban. Cuando visité Chi Rho por primera vez en 1992, me dijeron que había cincuenta y seis niños viviendo en PC#3, pero luego me dijeron que el número era cincuenta y dos. Nadie podría reconciliar la diferencia entre esos dos números. El 1 de junio de 1998, comenzamos con treinta y seis porque, aunque Ribana había muerto, seguía siendo nuestra responsabilidad. De los treinta y cinco restantes, dos fueron adoptados y Adi Secure sucumbió al virus, por lo que nos quedamos con treinta y dos. A partir de entonces, algunos regresaron a sus familias o fueron colocados en hogares de acogida, y tuvimos niños que morían en ambos entornos. Algunos siguen en acogida y están bien. El personal del hospital nos dio tres más con la esperanza de que recibieran la oportunidad de vivir bajo nuestro cuidado. Algunos de los niños con mayor funcionamiento salieron a vivir vidas independientes, unos con éxito y otros no. En este momento, una joven está hospitalizada por una esquizofrenia severa y estamos pagando sus gastos, por lo que solo quedan nueve niños que requerirán atención de por vida.

Los recuentos del grupo de diferenciación 4 (CD4) y las cargas virales determinaron su incapacidad para recuperarse fácilmente de las enfermedades infantiles habituales, que se hicieron aún más contagiosas por su entorno cercano y la falta de prevención, así como por la sepsis en la antigua PC#3. (Un recuento normal de CD4 significa que el sistema inmunitario aún no se ve significativamente afectado por el VIH. La carga viral se refiere a la cantidad de virus en la sangre de una persona infectada. Por lo tanto, si se expresan ambos números como una relación en un paciente, una alta carga viral y un recuento bajo de CD4 significan que la esperanza de vida del paciente es menor). Las soluciones a estos dilemas se complicaron aún más por los hábitos de la cultura rumana en el lugar de trabajo. El método vertical de instrucción y gestión de arriba hacia abajo hace que toda la responsabilidad de resolver problemas recaiga en la persona situada en la parte superior. Si nuestro personal no estaba preparado para aprender tanto como pudieran y cómo delegar la responsabilidad entre ellos, entonces seríamos solo otra organización de financiación. Quería que nos comprometiéramos entre nosotros y con los niños como lo haría cualquier familia sana grande.

Los niños sufrían lesiones médicas complejas y profundas heridas psicológicas, pero las peores eran, por mucho, las psicológicas. Esas nunca se curarán. Nuestros niños en particular eran los desechos del sistema de orfanatos que almacenaba a niños no deseados. Eran el producto del método de la doctora de selección sistemática de sus casos de VIH. Los nuestros eran los supervivientes, los niños con determinación emocional; eran los que habían vivido. Los niños más normales y agraciados habían sido trasladados. Los que tenían necesidades especiales más agudas o una naturaleza rebelde nos habían sido enviados. Algunos sufrían de síndrome fetal de alcoholismo y drogadicción; todos habían sufrido abusos nutricionales, emocionales, físicos y, a veces, sexuales mientras estaban bajo el cuidado del hospital pediátrico de enfermedades infecciosas. Pensamos que los hospitales, médicos y dentistas rumanos nos ayudarían con las necesidades médicas de los niños, pero la ayuda con las necesidades emocionales tendría que venir de nosotros y de nuestro personal.

Al final resultó que ninguno estaba disponible en el grado que necesitábamos. Pensé que nos aplaudirían por lo que habíamos hecho. Sin embargo, los funcionarios del hospital e incluso amigos de la iglesia rumana me cuestionaron abiertamente sobre mis motivos. "Es mejor morir", dijeron. "¿Quién los cuidará cuando te vayas, como todos los demás, y sean dejados afuera en la sociedad? ¿Por qué estás interrumpiendo un proceso natural de eliminación? Queremos que esta parte de nuestra historia desaparezca y los niños con ella". Algunos creen hasta hoy que solo estábamos allí para vender partes de su cuerpo cuando murieran.

Eso sí que es tener dudas. ¿En qué me había metido? Tal vez los rumanos tenían razón. Había descubierto las consecuencias de una generación de ignominia. No había vuelta atrás, e incluso le había rogado a Dios que me dejara hacer esto. Si vivieran, no habría un final de cuento de hadas para estos niños, pero el compromiso de guiarlos se extendió para todo el tiempo que vivieran. ¿Quién asumiría la responsabilidad de ellos desde seis mil millas de distancia para el resto de sus vidas? ¿Quién pagaría por ello? ¿Cuánto costaría? Tal vez fuera mejor mirar hacia otro lado, mostrar un arrepentimiento fingido y decir: "Lo siento, hice lo mejor que pude; ¿qué más puedo hacer?".

Quería irme a casa, encontrar la paz y alejarme de la confusión turbia que me rodeaba y me dejaba sintiéndome asfixiado. En ese momento, dudaba seriamente de si podría llegar a casa. Además, para encontrar las comodidades del hogar que anhelaba, tenía que abandonar el lugar donde Dios me había llamado para hacer Su voluntad. En casa, mi corazón estaría en dos lugares, dejándolo en un estado de incertidumbre durante varios meses. Estaría abandonando a los amigos y a los niños a los que quería y a los que me había comprometido a mantener en el caos y la incertidumbre de un paradigma completamente contracultural. Todo lo que le había visto a Él lograr y todo lo que quería que sucediera en el futuro volvería a caer en la confusión y se revertiría.

Aun así, sentía que había abandonado a mi familia en casa, ya que me había ido durante dos semanas, primero, y luego durante todo un mes. ¿Estaba entregándome a un capricho al ir a Rumania para ver a algunos niños indefensos? Decir que tenía dudas era un eufemismo.

Aun así, no había duda de que Casa Vida Nueva suponía una normalidad totalmente nueva. El personal y los niños estaban siendo rehabilitados y reeducados, con la esperanza de que aprendieran su valor como individuos ante la mirada de Dios. Habíamos dividido a los niños en ocho familias. Al dividir al personal y a los niños en unidades familiares sustitutas, podíamos observar la interacción entre las madres, la interacción de los niños con sus nuevas madres y la interacción entre ellos. Las unidades más pequeñas facilitaban la observación y evaluación, en comparación con los grandes grupos no supervisados o aislados en habitaciones, como ocurría en el antiguo centro PC#3.

Nuestra directora, que era extranjera, dio a las familias números. Más tarde, nuestro equipo les dio los nombres de objetos de la naturaleza, como iris, rosa o girasol. A nuestro equipo le parecían menos institucionales los nombres de las flores.

No obstante, todavía había desafíos por delante. El hospital no ofrecía atención dental a sus pacientes no deseados y la atención médica no era un seguimiento pediátrico normal. Nuestro acuerdo con el hospital nos exigía contratar a una enfermera de la fundación de la doctora y darle un consultorio en la casa para trabajar. Su trabajo consistía en ser los ojos y los oídos de la doctora para vigilarnos. Era un trabajo terrible: no tenía nada mejor que hacer que sentarse en la pequeña oficina cerca de la cocina y fumar cigarrillos.

En la década de 1990, las compañías farmacéuticas y los médicos que investigaban enfermedades infecciosas examinaron Rumania y estudiaron la cohorte de pacientes con VIH. Querían tener acceso a los niños para realizar experimentos y pruebas y estaban dispuestos a asumir el costo. Empezaba a comprender la magnitud de las necesidades especiales de los niños cuando nuestro personal nos informó que se administraban medicamentos antirretrovirales (ARV) a través del Hospital de Enfermedades Infecciosas de Constanza. Me enteré de que algunos niños del sistema recibían estos medicamentos, pero, evidentemente, los nuestros aún no. Al principio, hice la pregunta suavemente: "¿Por qué no?". La primera respuesta que obtuve fue que, debido al gasto, no había suficientes medicamentos para todos. Cuando pregunté quién estaba cubriendo el costo de los medicamentos, nadie supo decirme quién apoyaba el programa. Presionando más fuerte a nuestro personal con relaciones hospitalarias, me dijeron que era porque nuestros niños tenían encefalopatías o necesidades especiales: las drogas no debían ponerse a disposición de los niños idiotas.

Estos fueron los dos componentes que se medirían en un gráfico interno en mi corazón. A medida que la línea vertical del componente de duda aumentaba, también lo hacía la presión que sentía al suprimir la indignación. ¿Cuánto tiempo podría esperar a que alguien que no fuera yo mismo se ocupara de las necesidades de los niños? ¿Alguien veía esas necesidades? La paciencia estaba en un plano horizontal, en una posición indefinida. Después de un año y medio, me di cuenta de que el hospital nos veía como un simple dormitorio. Nuestros niños fueron ratas de laboratorio para los engañosos experimentos de la doctora. Estábamos pagando por su mantenimiento y ahorrando dinero al hospital. Cambiar el régimen médico de los niños y proporcionarles antirretrovirales significaría alterar sus tratamientos experimentales, por lo que los datos que obtuvieran serían inválidos. Tendríamos que decirle a la doctora que detuviera sus tratamientos experimentales y proporcionar nosotros mismos los antirretrovirales. Perdería su apoyo y su estatus de guardiana debido a los esfuerzos de una persona externa que no le pagaba. No renunciaría a eso de buena gana. ¿Y para qué, por unas vidas consideradas desechables?

Un frío día de invierno, cuando me enteré de que definitivamente los ARV no estaban disponibles, lo tuve claro. Si no me dieran ARV para mis niños, yo los conseguiría. Obligaría a la doctora a competir conmigo. Salí de la casa y me paré en la acera para que el personal no me escuchara gritar. El hielo de la calle tenía un tono azul claro. Hacía viento y nevaba ligeramente. Miré hacia arriba y grité: "¿Me estás diciendo que tengo que montar una clínica? ¿Dónde voy a encontrar una clínica?".

Mis ojos se posaron en el edificio de la esquina de Strada Ion Ionescu de la Brad y Strada Medeea. Era un edificio destrozado por los bombardeos, con paredes inclinadas, cristales rotos y alambre de púas. Los interiores eran un refugio para los vagabundos y las personas sin hogar. Durante varios años habíamos pasado por delante de él, tratando de ignorarlo por la ofensa que suponía para nuestros sentidos. Le dije: "¡Tienes que estar bromeando!".

No estaba bromeando. Después de forzar mi camino a través de una puerta oxidada, me arrodillé en el suelo del edificio, entre cristales rotos y heces de perros, y pronuncié una oración de agradecimiento: Si es tu voluntad, Padre, déjame hacer esto".

Necesitaría un médico, dinero para los ARV, que eran muy caros entonces, y dinero para comprar un edificio y reformarlo para convertirlo en una instalación médica moderna. Pensé que podía hacerlo; no tenía dudas de que podría si eso era lo que Él quería. Recibí advertencias del Espíritu: *no hagas esto por ira, o no terminará bien.*

Mis objetivos para mudarnos a la Casa Vida Nueva eran sencillos: quería que cada niño supiera que le amaba. Quería restaurar su esperanza. Quería que vivieran con dignidad y que pudieran tomar sus propias decisiones. Sin embargo, al eliminar el abuso y la negligencia a los que los habían sometido, también se liberaron sus demonios, y no solo en nuestra casa. Las necesidades que surgieron de las sombras de los orfanatos rumanos nunca se superarán. Estábamos tratando de alentar a nuestros niños a vivir, pero al hacerlo, surgirían consecuencias. De hecho, como he escrito, las necesidades se han multiplicado porque la mayoría de los niños de nuestra casa han sobrevivido, algo que no creíamos posible. Esos pocos niños de alto funcionamiento crecieron para tener hijos propios, y algunos de esos niños también han sido abandonados. Algunos de nuestros niños (todos ellos seropositivos) han sido traficados a otros países, con demasiada necesidad como para decir que no a quienes los han explotado de nuevo.

En 1999, todavía no había visto este futuro porque no podía haber pensado en él tan lejos sin antes haber tenido serias dudas. Naturalmente, caí en la idea de que los niños probablemente morirían, ya que las consecuencias de su vida, de las que hablé antes, eran demasiado vastas e inimaginables. Mientras tanto, eran mis niños y los atendía como si fueran míos. El sistema, por otro lado, podría ver el inconveniente de que los niños sobrevivieran y no podría atender sus necesidades psicológicas, psiquiátricas, médicas y dentales. Para el sistema, sus errores deberían morir con los niños. Era ingenuo de mi parte esperar que la doctora, incluso como pediatra y guardiana del sistema, analizara la atención médica de quienes el sistema había descartado.

Sin embargo, junto con las dudas y los recelos llegaron las bendiciones. Una de mis actividades favoritas era sentarme en una silla de madera apoyada contra la pared de la cocina mientras las mamás preparaban los almuerzos. Se reían y bromeaban conmigo por un placer tan simple y por estar en la cocina. Miraba a través de las ventanas de la pared y observaba. Escuchaba a las cocineras riéndose y expulsando a los niños de la cocina después de darles una galleta. Escuché la vida en la casa que me rodeaba y la comparé con el sonido mórbido del silencio y la tristeza que había sido la vida en PC#3. Escuché al Espíritu y Le di las gracias.

Justo antes de irnos a casa, mantuve una breve conversación con la primera directora. Su mandato de dos años estaba a punto de terminar y había conseguido tener una hora a solas con ella para escuchar lo que había observado sobre el comportamiento de los niños y la reacción de las madres. Lo que esperábamos aprender sobre los niños era la razón por la que habíamos hecho el enorme esfuerzo de venir y quedarnos. No entendía por qué se había negado a darme detalles sobre las circunstancias previas de los niños y una descripción de sus personalidades emergentes. Los asuntos operativos parecían ser más fáciles de discutir para ella, pero las necesidades de los niños impulsaron la planificación necesaria para administrar dichos asuntos. Eran nuestros niños; queríamos saber qué tratamiento especial necesitaban para tener éxito en la construcción de nuevas vidas para ellos y ayudarles a encontrar esperanza y poder devolver el amor que estaban recibiendo.

Tomé muchas notas durante nuestra conversación, muchas de las cuales puedes leer en el apéndice de este libro. Espero que las explores con un corazón sensible, porque sus condiciones son difíciles de leer. Consideré que cada niño era mío, así que tomé notas para que quedara claro. ¡Estoy orgulloso de ellos!

En ese vuelo de 1999 de vuelta a casa, entre Islandia y Groenlandia, estaba sentado solo mirando por la ventana. Regresaba a casa para ver a Cynthia después de varias semanas sin vernos. Era de noche y era el único en el avión que estaba despierto. Miré hacia el ala y vi la cruz suiza pintada en el alero del DC-10 e intenté imaginar qué temperatura habría fuera. Era invierno y estábamos a 35 000 pies sobre el Atlántico Norte. ¡Debía de hacer mucho frío, como para sentir como si te atravesaran agujas heladas! Le dije al padre: "También estás ahí afuera, en ese terrible frío extremo. Qué Dios tan maravilloso eres, dejándome trabajar para ti y ahora enviándome a casa. Gracias". Luego, sus manos alcanzaron la ventana y me sostuvieron la cara. Sus manos eran cálidas. *Tú eres mi hijo. Has hecho lo que te pedí. Ahora, mira esto.*

A través de la ventana de la cabina, apareció un pequeño punto verde a la derecha de mi campo de visión periférica, como un punto en una pantalla de ordenador de matriz de puntos. Me obligué a mirar de nuevo para ver si mis sentidos me estaban engañando, y efectivamente, allí estaba de nuevo, pero comenzó a crecer. Cada vez más grande, la ventana comenzó a llenarse con una cortina verde y azul de colores pulsantes que bailaban y giraban por todo el espectro. Quería gritar, despertar a todo el mundo, pero eso solo los molestaría. Me levanté y caminé hacia la galera y le dije a la asistente de Swiss Air: "¡Mira! Mira por ahí". Ella se sorprendió con las luces que brillaban en la fría noche.

"Llevo veinte años viajando por estas rutas", dijo. "Nunca había visto la aurora boreal".

CAPÍTULO 24

Hogares de acogida

"¡Escucha esto! Lamentos que salen de Ramá,
llanto desconsolado y amargo.
Es Raquel llorando por sus hijos,
Raquel rechazando todo consuelo.
Sus hijos se han ido, se han ido,
se han ido al exilio hace mucho tiempo".
Pero Dios dice: "Deja de llorar sin cesar,
contén tus lágrimas.
Recoge el fruto de tu trabajo de duelo". Decreto de Dios
"¡Volverán a casa!
Hay esperanza para tus hijos". Decreto de Dios.

—Jeremías 31: 15-16 El Mensaje

En primavera de 2000, las referencias a PC#3 como nombre del lugar se habían desvanecido. Los nombres de lugares parecen transformarse por sí solos. En nuestro caso, la Casa Vida Nueva era un nombre demasiado largo, por lo que se convirtió en CVN, el acrónimo de Casa Viata Noua. Los rumanos la llamaban Chi Rho. Pero, a pesar de que PC#3 había desaparecido, para quienes

197

habían vivido o trabajado allí, las cicatrices de esa vida anterior eran indelebles. Y no solo para los niños.

En el año 2000, muchas otras personas, como Marolen, llegaban de todo el mundo con el propósito de ayudar a los cientos de otros niños necesitados que había dispersos por Rumania.

Un día, descubrimos que uno de esos ayudantes se había instalado en las oficinas de un senador estadounidense en Washington D. C. Cynthia y yo estábamos en casa ese día cuando la escuché venir a buscarme. Por lo general, cuando hace esto, tiene una pregunta.

"¿A quién conoces en Washington D. C.?".

"No conozco a nadie. ¿Por qué?".

"Hay un fax de una senadora estadounidense y del embajador rumano dirigido a ti, sobre una reunión que patrocinan con la embajada rumana y un comité del Senado. Quieren invitar a personas que trabajan en Rumania a ir a Washington. Será en la embajada rumana en D.C. Puedes leerlo".

"¿Cómo obtuvieron nuestro número de fax?".

"No sé. ¿Vas a ir?".

"Supongo que sí".

La llegada del fax desencadenó otros pensamientos, y no era la primera vez que se me ocurría: ¿es nuestro trabajo tan inusual que necesitan poder encontrarnos? Siempre parece suceder que, cuando vas a hacer algo inusual a algún lugar, te notan. La ventaja de trabajar de forma anónima en mi profesión es que no requiere autopromoción. Pero la ironía de satisfacer una necesidad es que incita a otros a ver el trabajo, y eso los lleva a querer saber más. Sigue una pregunta: "¿Por qué haces esto?". Mis respuestas suelen ser las mismas. Les digo que Dios me pidió que fuera o que me llamaron, lo que provoca más preguntas. Pero ¿qué quería saber una senadora?

En ese momento, Rumania estaba siendo considerada para ingresar en la Unión Europea y en la OTAN. Entre las condiciones para la aceptación en cualquiera de los organismos se encontraban dos problemas relacionados con los niños. Una condición exigía que Rumania pusiera fin a la corrupción asociada con las adopciones extranjeras. La otra era una Declaración de Derechos de los Niños que el Parlamento rumano esperaba promulgar y que incluía un paquete de beneficios que deberían pagarse a los supervivientes de los orfanatos rumanos en forma de apoyo. El liderazgo político de Rumania quería que sus diplomáticos administraran las negociaciones de la UE y de la OTAN sobre las condiciones de entrada con esmero, ya que ser una nación miembro significaba obtener acceso a subvenciones de la UE, préstamos para financiar su deuda extranjera y fondos de desarrollo para proyectos de la OTAN. Ese paquete remunerativo era un incentivo demasiado grande como para perderlo, al parecer impasible o indiferente a las preocupaciones que los países miembros de la UE y la OTAN tenían por la forma en que los niños huérfanos deberían ser tratados, al menos por ahora, mientras se negociaban las condiciones de entrada. La senadora debió de calcular mal el resultado de su agenda al invitar a las ONG extranjeras a una reunión abierta para respaldar las buenas intenciones del Departamento de Estado rumano.

Fui a la reunión de la embajada rumana porque despertó mi curiosidad sobre la agenda de la senadora. Tal vez lo revelaría o tal vez, al conocerla a ella y a algunos de los otros asistentes, podría conseguir algunos favores para Chi Rho. No recuerdo la agenda de la invitación, pero sí recuerdo que no esperaba contribuir. En mi negocio, llamaríamos a eventos como este, fiestas de amor. La gente se reúne para sentirse bien con sus pasiones compartidas y hacer contactos. Sin embargo, no terminó así.

La reunión comenzó a las diez de la mañana en la enorme sala de la embajada. Las mesas de conferencia se organizaron en una plaza gigante para administrar lo que parecía una audiencia de cien personas. La senadora la presidió, y la participación de los rumanos no hacía más que reafirmar que era claramente asunto suyo. Ella abrió la reunión con los saludos habituales, tras lo cual hablaron el actual embajador rumano en Estados Unidos y quien lo reemplazaría, seguidos de algunas figuras de ONG elegidas por el personal de la senadora. Los oradores comenzaron agradeciendo a los asistentes por venir y expresando su gratitud por el trabajo que realizan cuidando a los niños y por la cooperación de Rumania para ayudarnos a desempeñar nuestro trabajo.

A continuación, la senadora abrió el debate pidiendo a los asistentes que ofrecieran sus sugerencias sobre qué otras contribuciones podrían hacer los rumanos para eliminar las barreras reglamentarias y acelerar el cumplimiento de las misiones de las ONG. En otras palabras: "Asistentes, ¿pueden darnos ejemplos de burocracia para que se acabe y se acelere la entrega de ayuda humanitaria?". Una o dos de las primeras personas en hablar trataron cortésmente de eludir la hipocresía implícita en eso de "cooperación de Rumania para ayudarnos a hacer nuestro trabajo". Cuando la primera persona se quejó de los bloqueos causados por la burocracia rumana, de sus trámites innecesarios y de la corrupción que hace que los proyectos no lleguen a buen puerto, el resto de los participantes siguieron su ejemplo sin dudarlo, y la intensidad del discurso aumentó.

La gente estaba enfadada. Las declaraciones iniciales de los diplomáticos expresando su agradecimiento por el trabajo de los asistentes deberían haberse quedado sin decir. Sus tópicos eran diplomáticos, pero obviamente falsos y solo alimentaron el creciente sarcasmo de los comentarios de las ONG y sus preguntas dirigidas a los diplomáticos.

El problema para las ONG no era la corrupción, la burocracia o la falta de cooperación de Rumania en relación con las adopciones o una carta de derechos en sí. Se trataba del nivel ambivalente de simpatía y de la falta de sentido de urgencia por parte del gobierno rumano respecto a la terrible situación en la que se encontraban (y se encuentran) los niños, al menos tal y como la percibían las ONG. Este mensaje se confirmó ese día en las críticas de las ONG a los diplomáticos rumanos presentes: al gobierno rumano no le importan las vidas de sus niños huérfanos.

Creo que la verdadera causa de su enfado no era solo la corrupción y la burocracia. Era el dolor de abandonar el campo y dejar atrás a los niños a los que habían llegado a cuidar porque sus gastos se estaban volviendo insostenibles. Se habían puesto a sí mismos en un predicamento y esa era la verdadera razón que provocó los arrebatos de ira de mis compañeros de las ONG: era el dolor en sus corazones. Los rumanos lo vieron venir, las ONG no. "Hay que dejarlos que jueguen con algunos niños", oí decir a un hombre. "No nos pagan por cuidar de ellos. Las ONG cubrirán nuestros gastos, ganaremos dinero, todos contentos".

El programa de cuidado de crianza que iniciamos en la Casa Vida Nueva no se trataba de combinar medidas anticorrupción, derechos de los niños y ambivalencia burocrática. Chi Rho no necesitaba la entrada de Rumania en la comunidad de naciones para acabar con la corrupción, reducir la burocracia y simplificar la regulación antes de ocuparse de los niños. Para cuando se hubieran realizado esos cambios, los niños ya habrían muerto. Sin embargo, tras la entrada de Rumania en la UE y la OTAN, el número de agencias y burocracia aumentó, al igual que las regulaciones impuestas a las ONG que permanecían en Rumania, que eran tan ubicuas que resultaban inútiles. Por ejemplo, en la Casa Vida Nueva, nuestra agencia reguladora nos exigió redactar nuestra propia Declaración de Derechos. Las disposiciones del documento eran notificar a los niños de CVN sobre sus derechos y los remedios a los que tenían derecho si eran maltratados. Su Declaración de Derechos debería publicarse para que los niños a nuestro cuidado pudieran leerla. La agencia que los requirió nunca vino a ver CVN. Si hubieran enviado a alguien, quienquiera que fuere, se habría dado cuenta de que ninguno de nuestros niños con necesidades especiales puede leer.

La reunión pública no tenía por qué haberse celebrado. Lo que enfureció a las ONG no fue la necesidad de nuestro anfitrión rumano ni que nuestra propia senadora las animara a regular más las actividades de las ONG. Las ONG querían menos regulación por parte de Rumania y más cooperación y apoyo financiero. Los diplomáticos podrían haberse limitado a decir mea culpa en privado ante la senadora, evitar por completo la reunión pública y haberse evitado la acritud.

Una última ironía. Cuando asistí a esta reunión, llevaba ocho años visitando Rumania. Algunos rumanos muy brillantes habían sido amables, pero rápidos al recordarme la verdad de las burocracias estadounidenses y nuestra propia corrupción cada vez que yo criticaba las suyas. Basta con mencionar el IRS y la Administración para Veteranos, por ejemplo.

Del mismo modo, el etnocentrismo había alzado su cabeza divisiva en la reunión de las ONG en Washington. Salí de la embajada recordando a Jesús diciéndoles a los judíos que el héroe de una de sus historias era un samaritano, gente que los judíos despreciaban. En la parábola del buen samaritano, ¿pidió el hombre que yacía al borde del camino, golpeado y dado por muerto, ver el certificado de atención médica de emergencia del samaritano antes de dejarse cuidar? ¿O el samaritano pidió ver las normas de derechos del posadero publicadas en sus paredes para evitar el abuso de los viajeros heridos antes de confiar la víctima del ladrón al cuidado del posadero? Por supuesto, hay abusadores, pero el privilegio de la autoridad y las etnias no son el punto de la parábola de Jesús. Jesús le cuenta la parábola al experto legalista para explicar qué cualidades Dios mismo valora más. El valor de la misericordia se había pasado por alto esa mañana y dejó entristecidos a quienes la practicaban.

No había anticipado lo que podría decir ese día, pero quería que se notara Chi Rho y quería que los rumanos pensaran que alguien apreciaba su dilema, aunque fuera retóricamente. Me puse de pie y le pregunté a nuestro grupo de ONG: "¿Qué esperábamos encontrar en nuestro país adoptivo? ¿Esperábamos encontrar nuestras culturas nativas? Todos hemos experimentado muchas de las mismas frustraciones allí, pero el problema de la institucionalización de miles de niños existe debido a la corrupción y no es nuestra labor solucionar ninguno de los dos problemas. Nuestro objetivo es atender las necesidades de los niños". Ese comentario fue mi única aportación. Mi ancla contra el desengaño ese día fue el Eclesiastés 5:8: "Si ves la opresión del pobre y la negación del derecho y de la justicia en la provincia, no te sorprendas del hecho, porque un oficial vigila sobre otro oficial, y hay oficiales superiores sobre ellos".

El comportamiento de evasión no es el camino menos transitado, sino el más común. Lo que todos habíamos estado escuchando en la avalancha de quejas dirigidas a los diplomáticos rumanos era la racionalización de nuestros propios instintos de supervivencia, la razón por la que tantas ONG abandonaban el campo por frustración y malestar al dejar a los niños atrás.

La senadora sentía pasión por la adopción y quería que las adopciones rumanas en el extranjero continuaran. Invitó a las agencias de adopción internacionales, junto con el resto de nosotros, a asistir a la reunión para ejercer nuestra influencia colectiva sobre los negociadores rumanos, lo cual fue ingenuo. Los rumanos habían reconocido abiertamente la corrupción asociada a las adopciones. También reconocieron que la corrupción es inherente a su gobierno y que no se puede erradicar. No tenía sentido que acabaran con la corrupción para lograr la aceptación como miembro de la UE. Después de todo, la corrupción estaba muy presente en los demás países miembros, por lo que esperar algo diferente de Rumania era a la vez ingenuo e hipócrita. Para conseguir la aceptación y la adhesión a la UE y a la OTAN, Rumania tiró, en sentido figurado, los bebés junto con el agua del baño. En 2001, el Parlamento rumano aprobó una moratoria sobre cualquier otra adopción extranjera.

CAPÍTULO 25

Esperanza

"Porque Yo sé los planes que tengo para ustedes", declara el Señor,
"planes de bienestar y no de calamidad, para darles un futuro y una
esperanza".

—Jeremías 29:11-14

Casa Vida Nueva había dado esperanza a nuestros niños. La esperanza vino acompañada del deseo de vivir por algo más que lo básico. Estaban ascendiendo en la jerarquía de las necesidades. Ya no experimentaban la vida como supervivientes; les habíamos dado una vida con opciones y la buscaron. Se dice que uno nunca deja de ser padre. Algo que no esperábamos de sus largas vidas era que nuestro compromiso como padres sustitutos también se fuera alargando. Imagínese diciéndole a su hijo: "Lo siento, no esperaba que vivieras tanto tiempo. Ya no tengo los recursos personales ni la fuerza para ayudarte". Nuestro edificio remodelado tenía todo lo necesario para una población de niños en edad de guardería y escuela primaria, pero no adolescentes. Sin mover una sola pared, nuestro espacio vital se hacía más pequeño a medida que los niños crecían física y emocionalmente. Los adolescentes no deben compartir las mismas habitaciones ni baños. Iban a experimentar la pubertad. Nuestros niños, aparte de las necesidades especiales de sus naturalezas emergentes, no tenían las habilidades aprendidas para manejar estos cambios. Tenían pocas inhibiciones.

En CVN, la vida de los niños comenzó con una experiencia diferente. En las instituciones fueron aislados, ignorados y desatendidos. CVN vino con amor y con la intención de compartir su vida con otras personas. Aun así, por mucho que intentáramos ser una familia, Casa Viata Noua siguió viviendo de manera institucional. Los niños estaban superando a CVN y, como adolescentes, necesitarían una crianza aún más cuidadosa de la que podríamos proporcionar en ese entorno.

La repentina conciencia de la necesidad de ubicar a los niños en hogares surgió a principios del año 2000. Es difícil expresar con palabras lo difícil que resultó. Antes de que entrara en vigor la moratoria de adopción extranjera de 2001, dos de nuestros niños habían sido colocados en adopción extranjera poco después de la apertura de la casa porque eran diferentes. A diferencia de algunos de los niños de las instituciones, Nicu y Coca no tenían necesidades especiales. Habían aprendido a mostrar una actitud alegre y extrovertida para obtener la atención que necesitaban. Por lo demás, se necesitarían hogares con familias dispuestas a criar a un niño difícil. La mayoría de nuestros niños llegaron con dos strikes en su contra en Rumania. Algunos provenían de familias gitanas y presentaban profundas necesidades especiales. Su apariencia por sí sola suponía un obstáculo. Cuando expliqué el programa de acogida o adopción al personal, expresaron dudas. Hablando sin rodeos, un miembro del personal dijo: "Nadie quiere a estos niños". No lo dije, pero quise responder: "Si crees eso, estás en el lugar equivocado".

Debería haber esperado por Su consejo, pero mi temor me

llevó a la impaciencia. "Tal vez la gente de las agencias de adopción de Washington que conocí pudiera ayudarme". Después de presionar a ambas agencias durante al menos seis meses, no recuerdo cuál de ellas dijo: "Hud, me encanta lo que intentas hacer, pero eres demasiado pequeño para que dediquemos tantos recursos a tu grupo de niños". En realidad, estaba siendo amable cuando lo dijo, y su tono era triste. Podía ver las circunstancias en las que caerían las vidas de los niños si el cuidado de Chi Rho colapsara. Todavía hoy aprecio su claridad y honestidad, aunque todavía no entiendo a qué se refería con "demasiado pequeño".

La necesidad de encontrar hogares para los niños me enfrentó a una cruda realidad. No poder encontrar un hogar para ellos durante el tiempo que lo necesitaran significaba que yo también les había fallado. Los habría llevado al borde de un precipicio y luego los habría dejado allí. Habría sido mejor no haber venido que ofrecerles esperanza y luego marcharme. Todos en sus vidas les habían fallado: sus padres, que los abandonaron; el sistema, que los explotó; y su gobierno, que hizo ambas cosas. Esta fea verdad fue la que estuvo en la raíz de las frustraciones de las otras ONG con el gobierno ese día en Washington. Nosotros, las ONG, nos habíamos puesto en un callejón sin salida. Los rumanos lo sabían, lo vieron venir y no estaban preparados ni dispuestos a salvarnos. Al ir a Rumania en busca de ayuda y no recibirla, las ONG se desilusionaron y se marcharon.

Mi esperanza se sustentaba en esta verdad: Cristo nos dejó, pero no nos dejó huérfanos del Padre. Vino su Espíritu y surgió el cuerpo de Cristo. Él estaba presente en este trabajo en Chi Rho y también estaba en mí. Él tenía un camino para nosotros.

Habían pasado seis meses o más y aún no había llegado ninguna respuesta. Nadie había venido a ofrecer un plan. Dios habla a través de las circunstancias, pero ahora me vi gritándole de nuevo: "¿Me estás diciendo que tenemos que convertirnos en nuestra propia agencia de colocación? ¿Cómo puedo hacerlo?".

No lo harás, Hud, lo haré yo. Empieza por ir a ver a Sanda Iordache.

"¿Sanda? Ella no lo hará. Ella dirá que no. Ni siquiera tenemos un plan".

Conocí de pasada a Sanda en una conferencia de prensa de World Vision en Constanza en 1998. Fue un encuentro muy breve. Nuestra directora la conocía por su experiencia laboral previa en el hospital de enfermedades infecciosas de la zona; me la presentó cuando entré a tiempo en la reunión.

"Ahí va una buena", dijo.

"¿Por qué?", pregunté.

"Porque no acepta ninguna basura del sistema".

"¿Qué significa eso?", pregunté.

"Ella solo hace lo que dice que puede hacer y nada más. Siguen tratando de darle más responsabilidades o de hacerse cargo de más niños, pero ella los rechaza. Tiene una guardería cerca del mar".

Al salir de la rueda de prensa, nuestra directora nos presentó. Sanda no se quedó mucho tiempo, solo dio unos saludos cordiales. En ese momento, aproveché para preguntar si podía ir a ver qué estaba haciendo. "Claro", dijo ella. "Ven cuando quieras".

Una forma de entender a Sanda Iordache es como emprendedora en el sector de los servicios sociales. Ella diría que no hace nada, y eso es parcialmente cierto. Al igual que el personaje de Charlotte en el cuento infantil La telaraña de Charlotte, Sanda describirá su papel como el de la que se sienta en la esquina superior de la habitación, observando a los jugadores y esperando para conectarlos con sus hilos. Ella entiende las necesidades de las personas y las pone en contacto con otras que tienen necesidades similares.

Regresé a Rumania con la intención de conseguir la ayuda de Sanda, pero nuestra directora en el país se negó a acompañarme. Sin embargo, ambos asistimos a la primera reunión. Nuestra directora se oponía a la idea de un programa de colocación de Chi Rho por la preocupación de que no éramos profesionales, pero yo no estaba seguro de cuál sería la postura de Sanda. Pensé que diría "comencemos algo y probémoslo" o "construyamos una estructura en torno a un programa planificado con personal profesional".

Sanda era una persona implacable, así que fui directo al grano. Le expliqué nuestro dilema. Antes o después, los niños sobrepasarán a CVN. No había podido encontrar una organización de colocación profesional que nos ayudara a reubicar a los niños en familias. Necesitábamos una estrategia de salida o el futuro de nuestros niños no sería prometedor. ¿Estaría Sanda dispuesta a iniciar y dirigir un programa para Chi Rho que colocara a nuestros niños en hogares?

"¿Cuánto dura tu compromiso?".

"El tiempo que sea necesario".

"¿Cuáles son tus recursos?". Aquí me equivoqué un poco, pero solo porque no la conocía lo suficientemente bien como para invocar el nombre de nuestro Padre. "Son ilimitados".

"¿Tienes un esquema del programa?".

"No. Esperaba que pudieras ayudarnos con eso".

Entonces, los comentarios de nuestra directora fueron: "Si vas a crear un programa completamente nuevo, es importante comenzar estableciendo algunas pautas para evaluar a los padres con el fin de cumplir ciertos estándares. Y los cuidadores no pueden estar motivados únicamente por el estipendio, o crearás algunos problemas reales para los niños. Tiene que haber algunos filtros".

"No, eso no es lo que necesitas. Necesitas esto". Mientras

hablaba, Sanda levantó el pulgar y el índice y los frotó junto a su nariz. "No necesitas filtros elaborados. Los filtros eliminan personas porque nadie puede cumplir esos requisitos. Los filtros y las pautas no encuentran a las personas adecuadas; son otras personas con los instintos y la experiencia correctos quienes lo hacen. En un trabajo como este, cuando has encontrado personas dispuestas a satisfacer la necesidad, creas las reglas después para apoyarlas".

Al escucharla decir esas palabras, me di cuenta de que había experimentado el mismo despertar cuando Adi se inclinó para mirarme desde la mesa de conferencias en el sótano de la iglesia bautista ocho años antes. "Estoy de acuerdo contigo", había dicho. "Esa es la base sobre la que puedo tener una relación". La base de mi relación con Adi fue compartir nuestros corazones rotos. Todavía no sabía cómo se había roto el de Sanda. Vi un corazón sencillo dispuesto a mostrar misericordia a los demás y deseaba que ella dijera: "Sí, comenzaré tu programa".

Pero no lo hizo. No fue hasta después de mi tercer viaje para visitarla ese año, cuando le pregunté si había considerado aceptar mi propuesta, que ella respondió: "¡Vamos, Hud, sabes que me gusta hacer cosas inverosímiles!: claro, lo intentaré. Haremos lo mejor que podamos". Mientras salíamos de su guardería, añadió: "Pero no lo lideraré. No empiezo programas, los tomo. No trabajaré para Chi Rho. Me gustaría ir a CVN y ver qué está pasando, y participar en algunas de sus reuniones". Ese fue mi primer vistazo al estilo de gestión de Sanda Iordache. No se parecía a nada que hubiera visto antes en Rumania, así que tampoco se parecía a lo que mis colegas rumanos esperaban de ella.

El plan de acogida de Chi Rho se gestó durante mi primera visita a la guardería de Sanda en 1998. Al verla trabajar, quedó claro quién estaba al mando, pero nunca daba órdenes. Su personal sabía lo que tenía que hacer y funcionaba como un equipo con energía. Nunca había una aparente apatía, como en tantos entornos hospitalarios que había visto. Por mis visitas periódicas a su guardería, supe que ella sabía cómo devolver a los niños a sus familias y, en muchos casos, a sus madres solteras. Ella era muy apasionada al respecto.

El primer lugar que buscaba para ubicar al niño era con la madre o la familia del niño. Ella decía: "No hay familias perfectas, y es mejor para el niño estar con sus padres que en una institución". En mi idealismo, creía que los padres que aceptaban el abandono no eran dignos de confianza con la vida de un niño. Pero ella sabía más que yo sobre las consecuencias de abandonar a un niño en manos del sistema.

Aprendí más sobre quién era mi amiga después de que se implementara el programa de acogida. ¿No debería haber sido al contrario? No necesitaba conocer el porqué de su personalidad. La urgencia de la necesidad y la ausencia de otras soluciones para ubicar a los niños hicieron que su característica más importante fuera su disposición para ayudar. Entre 1998, cuando se inauguró CVN, y 2000, habíamos visitado con frecuencia la guardería de Sanda. En esos dos años, asumí que su guardería era uno de los componentes del sistema oficial que mejor funcionaba. Mientras conducíamos por el campo en las afueras de Constanza para visitar a los niños en sus nuevos entornos de acogida o cuando cenábamos por la noche después del trabajo, había tiempo fuera de su guardería para aprender más sobre mi amiga. Ella no se entrega rápidamente. La magnitud de las tragedias que ha presenciado durante sus años trabajando en el orfanato y el sistema de bienestar social han hecho que su enfoque se centre en lo que puede hacer, no en ilusiones.

Me enteré de que había sido Sanda quien había iniciado su programa de guardería. Debido a su reputación de integridad y eficiencia durante su etapa en el servicio público, las personas adecuadas que podían apoyar las oportunidades dentro del sistema de bienestar social confiaron en ella y respaldaron su presupuesto. Sin embargo, su guardería finalmente fue cerrada por nuevas regulaciones que requieren que todas las adopciones se originen en el hospital y que el cuidado de crianza y la reinserción en las familias sean dirigidos por el Departamento de Protección de Niños (DPC), una agencia de bienestar social que se originó después de la revolución para abogar por el cuidado de los niños. Es cierto que los funcionarios del DPC y los trabajadores sociales privados dijeron que los bebés permanecerían en el hospital mucho más tiempo que si Sanda tuviera esos mismos bebés y que, eventualmente, serían institucionalizados si no se les colocaba en hogares de acogida.

Sanda había comenzado su trabajo estudiando psicología en la universidad antes de la revolución. En aquella época, elegir la psicología como carrera profesional suponía un desafío. En una sociedad administrada, se esperaba que eligieras una ciencia dura para apoyar la economía. Era la disciplina que ofrecía al Estado la mayor cantidad de oportunidades para una vida cómoda, y la mayoría de los estudiantes siguieron ese camino. El alma de una persona pertenecía al Estado, si es que el alma existía. La sugerencia de liberar un alma para que elija por sí misma podría cuestionar la autoridad del Estado sobre esa vida. La psicología no era necesaria en las ciencias duras; era la hijastra de la academia. Aún tengo que atreverme a preguntarle por qué eligió ese campo para su grado académico.

Su guardería y su voluntad de ayudar a Chi Rho fueron consecuencia del holocausto que sufrió al trabajar en el programa estatal de cuidado infantil subvencionado. Solo recientemente se ha permitido que el término surja en Rumania. Creo que es una forma de que la gente exprese finalmente su tristeza por lo que les pasó a los niños en su país.

Lo usé una vez que estaba presionando a Sanda sobre su experiencia laboral en un orfanato en el pueblo de Navodari. Tuvimos algo de tiempo extra un día, así que me llevó para que lo viera y ella misma me contó cómo había sido su experiencia. Mientras pasábamos por el edificio, habló de sus colegas y del respeto que sentían al cuidar de los niños. Se permitió ir lo suficientemente lejos como para describir a estos niños tan hermosos y habló de la voluntad del personal de crear una apariencia de infancia normal que pudiera alentar a los niños a desarrollar sus habilidades de aprendizaje y crecimiento. Los niños serían evaluados a medida que avanzaban, pero cuando alcanzaban cierta edad, Sanda dijo: "Los médicos venían con batas blancas y estetoscopios, miraban los registros de los niños y los examinaban. El médico decía: 'Bueno, este tiene buenas notas, pero cojea'. O 'este tiene astigmatismo'. Podría ser cualquier cosa, porque estaban tratando de encontrar razones para no enviar a los niños a recibir más capacitación y sellaban los registros de los niños perfectamente normales como no aptos para recibir más recursos y los enviaban al orfanato Camin Spital para que se volvieran locos y morir".

Le pregunté: "¿Estaban limitados por los presupuestos? ¿Sabes? Gente a la que se alentaba a tener más niños y el sistema simplemente tenía demasiados niños para mantener ese año".

"Sí, y los presupuestos cambiarían, y nunca sabíamos cuántos se mantendrían o cuántos se irían".

En ese momento, le pregunté suavemente: "Sanda, ¿llegarías a decir que eso es lo mismo que sucedió en los muelles de Auschwitz?".

"Sí", dijo. "Es lo mismo". Ese era su dolor. Lo tomé como un regalo de una amiga muy querida.

Para ser justos, hay que señalar la diferencia al comparar los dos programas patrocinados por los estados de Rumania y Alemania y caracterizar a Rumania como un holocausto. El propósito de uno era la eliminación sistemática de la vida. El programa de Rumania bajo el régimen de Ceaușescu fue el requisito patrocinado por el Estado para que sus ciudadanos crearan vida. Donde ambos programas pueden caracterizarse como un holocausto es en el momento en que el Estado debe decidir quién debe vivir y quién no. En ese abuso de autoridad, ambos son iguales.

Mi amiga es una estoica. Algunos incluso dicen que es fría. Su expresión no cambió durante nuestra conversación en su antiguo lugar de trabajo. En ese momento, sentado con ella en el automóvil, tenía veinte años de experiencia en Rumania, y ese fue el primer y más claro reconocimiento de lo que había sucedido en la vida de tantos niños. Ella no se rindió. Su determinación de devolver a los niños a sus familias o encontrarles familias de acogida nace de la decepción que sufrió al haber invertido en los niños y luego experimentar la autoridad absoluta del Estado para arrebatárselos. No habría soportado esta parte de la narración. No quería perjudicar a las autoridades estatales que le dieron libertad para moverse entre las necesidades.

Cuando aceptó ayudarnos, no vino con un programa a CVN, sino que se unió a nuestras reuniones y nos observó. En Rumania, su comportamiento es una anomalía cultural. Si el empresario es un aprendiz de todo y el maestro de nada, las estructuras de gestión de Sanda son un ejemplo de alguien que reconoce una necesidad y reúne a personal con experiencia para gestionar el problema. Luego pone en marcha al equipo y se mantiene al margen. Así se consigue el empoderamiento del personal. Esa no es la cultura rumana. A nuestro personal le costó un poco acostumbrarse y, para algunos, fue una de las duchas frías de Sanda.

En CVN, nuestro personal se preguntaba: "¿A quién buscarían para trabajar en equipo y colocar a niños en hogares?". Lo primero que se me ocurrió fue nuestra administradora, que había elaborado meticulosos registros de cada niño. Sus registros nos indicaban que algunos de nuestros niños tenían familias que vivían en el área, algunos tenían padres a quienes se les había dicho que estaban muertos y algunos eran verdaderamente huérfanos. Ella se convertiría en la encargada de los registros y no hay nadie mejor. La documentación rumana es abrumadora. Ella lo toma con el celo de un químico, descomponiéndolo hasta que es perfecto. Demasiado perfecto.

Otro miembro del personal de CVN se mostró inicialmente escéptica. "Hud", preguntó una vez en una reunión general, "¿de dónde vamos a obtener los recursos para iniciar un programa de colocación?". Esta mamá en particular es la hija mayor de la pareja de la iglesia bautista que nos acogió a Greg Ogden y a mí en nuestra primera visita en 1992. Entrenada en contabilidad, trabajaba en la empresa de Coca-Cola en Constanza cuando Casa Viata Noua llamó a su corazón, como dijo Adi. Se convirtió en una mamá en la casa.

Cuando Sanda comenzó a formar su equipo seleccionando personal, pidió ayuda para encontrar familias. Adi la ha descrito como una excavadora. Ella haría el trabajo sin excusas. Se convirtió en la persona clave para identificar a familias potenciales que expresaron interés en fomentar y demostrar su disposición. Hacía un seguimiento de las familias y los niños para asegurarse de que se conectaran adecuadamente. Los niños corrían a verla a su pequeña oficina. La llamaban Domana Plasament o Señora Colocación. "¡Señora Colocación, encuéntrame una familia también a mí!", y ella siempre los consolaba diciéndoles que se esforzaría mucho por encontrarles a alguien.

Sanda y su personal encontraron ayuda en el Departamento de Protección de Niños. Chi Rho necesitaba un trabajador social con licencia oficial para aprobar los entornos de acogida. Una mujer joven se unió al equipo para participar en la investigación y documentación.

En los pocos años posteriores a la revolución de 1989, cuando tantos padres rumanos se enteraban de que sus hijos eran portadores del VIH, Constanza era una ciudad muy pequeña. Esos padres comenzaron a hablar entre ellos. Como puedes imaginar, algunos padres no temían enfrentarse a la necesidad de aceptación de sus hijos y obtener ayuda para ellos y sus hijos, y otros sí. Nuestra administradora me llamó para decirme: "No vas a creer esto, pero una pareja con dos niños ha venido hoy a CVN a pedir llevarse un niño". Me explicó que los hijos de esta pareja eran niños normales, brillantes y guapos, pero uno de ellos era portador del VIH. Ese niño estaba en una escuela primaria local, donde era condenado al ostracismo por los padres de los otros niños. Exigieron a las autoridades escolares que se llevaran al niño para proteger a sus hijos. La madre se enfrentó al personal de la escuela y a los otros padres de su pueblo en una reunión general y les advirtió que probablemente ellos también tenían hijos infectados por el Estado con el VIH, pero no lo sabían o no querían descubrirlo. Su valentía despertó a los demás padres y madres a la magnitud de la tragedia.

Esta madre se había unido originalmente al personal de la organización World Vision en Constanza para ayudar a otros padres a informarse sobre el problema y, al establecer contactos entre ellos, contribuyó a normalizar la situación. Fue a través del trabajo de World Vision con el DPC que se enteró de la necesidad de CVN de ubicar a los niños. Lo que impulsó a esta maravillosa pareja a acoger a un niño seropositivo fue la empatía; su familia sabía cómo se sentían nuestros niños y querían que al menos uno de ellos encontrara aceptación. Esperaban que su propio hijo infectado encontrara consuelo en la compañía de otro niño. Y querían que su comunidad fuera testigo de su amor por sus hijos, sin importar de quién fueran.

Vinieron a casa a ver a los niños. Encontraron a una niña y se la llevaron a casa. El administrador volvió a llamarme. "No vas a creer esto, pero ellos quieren adoptar dos niñas. Descubrieron la cercanía de las dos chicas y el dolor que les producía estar separadas. Las quieren a las dos".

No siempre podíamos colocar a un niño en una familia de acogida antes de cumplir dieciocho años; sin embargo, cuando cumplían esa edad, se nos solicitaba que notificáramos a los padres que su hijo existía y estaba bajo nuestro cuidado. A medida que avanzaba el proceso de colocación y el equipo cobraba impulso, los registros de la administradora revelaron la existencia de dos de las familias de nuestros niños. Una familia había abandonado a su hijo en el sistema alegando, en ese momento, que no podía mantenerlo. La otra familia no sabía que su hijo estaba vivo. ¿Querían reunirse con él?

Se enviaron cartas a estos padres. El equipo siguió visitando a una familia pobre que vivía cerca. Hicieron llamadas telefónicas a la otra familia porque vivía en el oeste del país y, como mínimo, había que viajar un día para verla. Habían pasado años. Las reacciones a noticias como esta varían; las personas son diferentes y las razones del abandono de estos niños también. Intenté imaginar cuál sería el mío para profundizar en mi empatía ante lo que estaba por venir. Cuando los padres vinieron a CVN a discutir la posible reinserción de sus hijos, el drama de esas reuniones fue un reflejo profundamente conmovedor de esas emociones.

Fui testigo de la ocasión en la que se brindó misericordia y gracia a las vidas de dos niños y sus madres cuando estas acudieron a la Casa de la Nueva Vida en busca de sus hijos. Una de ellas había llevado a su hijo a un reconocimiento de salud infantil y el niño se había infectado con el VIH tras ser inoculado con un suero contaminado. Cuando su hijo mostró síntomas inusuales, lo llevó de regreso a la clínica para que le explicaran su estado. Reconociendo su error, la clínica exigió a la madre que dejara a su hijo para hacerle un examen más detenido y luego le informaron con pesar que su hijo había muerto. El niño fue enviado al sistema de orfanato, donde lo encontramos en PC#3.

La madre tomó un tren hasta el otro lado del país para reunirse con nosotros y con su hijo y decidir si podía reintegrarlo a su familia.

"Mi hijo no puede estar vivo después de todo este tiempo, o me lo habrían dicho. Me enviaron una carta informándome de que estaba muerto y volví a la clínica, donde me confirmaron en persona que sí, que se había ido. ¿Cómo es esto posible?".

"Señora, con profundo respeto y pesar, su hijo sigue vivo. Él ha estado aquí con nosotros. Es su decisión si quiere que vuelva con su familia. Si su decisión es que no puede regresar, tenga por seguro que lo amamos y lo seguiremos cuidando como si fuera nuestro hijo. Pero la decisión es suya. Él es su hijo".

"Lo quiero, pero mi esposo se niega a permitirle regresar.

Hemos cerrado ese capítulo en nuestras vidas y no podemos permitir que nuestros corazones se abran de nuevo. Mi esposo niega tener un hijo de esa época".

El niño entró en la habitación para ver cómo terminaban las discusiones. Estaba desesperado por regresar con su familia y quería escuchar con sus propios oídos a su madre decir que no podía aceptarlo. Una de las experiencias más tristes de mi vida fue acompañar a esta pobre mujer a la puerta principal de CVN y verla encorvada y con actitud derrotada caminar por la calle alejándose de su hijo hacia el tren que la llevaría a casa.

La madre del otro niño vino a CVN y nos reunimos en una pequeña oficina. Cuando su hija entró en la oficina, la madre lloraba desconsoladamente. La niña trató primero de consolar a su madre. "Mami, no llores. ¡No llores, mami!". Luego, de manera bastante inesperada, o tal vez esperada, comenzó a golpear a su madre en el hombro y a gritarle: "Mami, ¿cómo pudiste dejarme? ¿Cómo pudiste dejarme?". El equipo terminó devolviendo a la niña a su familia, donde permanece hasta el día de hoy.

Puede parecer extraño, pero una alegría de esta casa de nueva vida es experimentar angustia amorosa al ver que tus críos de van de casa. Cuando los niños comenzaron a irse, los echamos de menos.

Cuando el equipo de acogida comenzó a colocar a los niños en hogares, Cynthia y yo salimos a las aldeas y pueblos de los alrededores de Constanza para ver dónde estaban y cómo se estaban adaptando a sus nuevas familias. Como le había indicado a nuestra primera directora, Sanda y su equipo habían usado su instinto para emparejar a nuestros niños con familias afines. Hubo algunos emparejamientos que no funcionaron. Algunos murieron en hogares de acogida. Los niños que podían vivir de forma independiente se fueron pronto. Sus resultados han sido mixtos. Tres fueron devueltos a sus padres y dos de ellos funcionaron. Se hicieron algunas conexiones finalmente, después de comienzos difíciles. Ahora, tras haber pasado doce o trece años en sus hogares de acogida, en algunos casos se ha establecido un vínculo filial entre estas familias y los jóvenes, casi como si se hubieran adoptado.

Cuando Cynthia y yo volvimos a verlos después de saber dónde vivían, pensé que PC#3 sería simplemente un recuerdo para ellos. Los encontramos con padres solteros o en familias de todo tipo de lugar residencial que puedas imaginar. Algunos vivían en departamentos en Constanza o en casas en pequeños pueblos o suburbios fuera de la ciudad. Para llegar a ellos en el campo, íbamos en auto a los pueblos de las afueras de Constanza, donde los encontrábamos rodeados de huertas, perros y gatos, y animales de corral: gallinas, patos y gansos.

Tal vez esperaba que los niños corrieran a saludarme como solían hacer cuando venía de visita a CVN o a PC#3. Pero en estas primeras visitas no fue así. Sin falta, cuando me veían acercarme, se quedaban atrás. Algunos incluso rompieron a llorar. Verbal o no verbal, de acuerdo con sus naturalezas, cada uno quería saber: "¿Por qué estás aquí? ¿Me vas a llevar de vuelta?".

"Oh, no, cariño. He venido a ver dónde estás y cómo te va. Vine a despedirme".

"¡Oh! ¿Quieres ver mi habitación?".

Epílogo

Él enjugará toda lágrima de sus ojos, y ya no habrá muerte,
ni habrá más duelo, ni clamor, ni dolor, porque las primeras cosas
han pasado...Y Él dijo: "Escribe, porque estas
palabras son fieles y verdaderas".

—Apocalipsis 21:4-5

Hace unos años, la Casa Vida Nueva se trasladó a los suburbios. Cuando alguien, ya sea extranjero o nacional, hace un buen trabajo y, al hacerlo, mejora los bienes inmuebles con los que trabaja, es habitual que la agencia gubernamental con la que trabaja encuentre la manera de reclamarlos.

Pero, en nuestro caso, las circunstancias de Chi Rho mejoraron cuando el hospital recuperó el edificio. Una vez más, nuestro buen Padre abrió un mejor camino para sus hijos. Un amigo que dirigía los esfuerzos de ayuda internacional para una fundación evangélica se ofreció a darnos una casa que habían construido para huérfanos en los suburbios emergentes de Ovidio. Acordamos compartir el espacio con sus niños y Chi Rho los cuidó junto con nuestros diez niños restantes. Sus niños, que estaban allí primero, estaban todos en un nivel más alto y todos finalmente se mudaron para vivir de forma independiente o fallecieron a causa del VIH.

La casa se encuentra en un hermoso terreno con vistas a un gran lago de agua dulce. Desde el patio se ven el Mar Negro y Mamaia al otro lado del lago en la distancia. Tiene un gran patio con cerezos y una zona para la mesa de picnic cubierta donde los niños comen al aire libre durante los meses más cálidos. Las mamás plantan flores y los niños tienen espacio para mascotas. Es idílico porque así lo han ido haciendo las mamás.

El personal es estupendo. Trabajan en equipo y han realizado milagros. Han guiado a los niños con necesidades especiales a través de la pubertad en lugares cerrados. Ellas lavaban su ropa, les enseñaban a ir al baño, controlaban sus arrebatos emocionales, les vestían, celebraban sus cumpleaños y secaban sus lágrimas. Han dicho: "Tenemos nuestras diferencias, pero las superamos. Amamos a estos niños y a los demás". Uno de los miembros de nuestra junta me comentó una vez: "Te preocupas por el personal tanto como por los niños". Es cierto. El resto de nosotros pensamos que son santos.

Con el paso del tiempo, solo quedan ocho residentes en la casa. Son muy frágiles. Solo dos son capaces de hablar. Ahora tienen poco más de treinta años y siguen viviendo con Mari, Dorina y otras personas que los conocen desde la infancia. Forman parte de una gran familia, cada uno de ellos es un individuo único.

Llegar a esta edad fue totalmente inesperado para algunos de ellos. Esto se debe al cuidado que han recibido de las maravillosas mujeres que han trabajado con ellos todos los días durante los últimos veintitrés años. Siempre serán de menor estatura a causa del virus. Mari, la maestra de educación especial, tiene lo que yo llamo su Salón Mágico, donde realiza sus trucos con manualidades. Es alucinante; los tiene creando obras de arte con materiales sobrantes, semillas y vida vegetal. Yo tengo algunas de sus obras colgadas en las paredes de mi oficina para recordar lo que se requería para tener esa obra de arte en ellas. Si PC#3 no se hubiera convertido en CVN, esas obras de arte nunca habrían aparecido.

Ellos comen muy bien. Los cocineros preparan deliciosas sopas, guisos, pollo, cerdo, papas fritas, arroz, papas, pepinos, tomates, pan, pasteles, guisos, yogures, frutas y verduras de temporada... Todos los alimentos que les gustan, o muchos de ellos.

La buena noticia es que la comunidad rumana muestra cada vez más aceptación y compasión hacia las personas con necesidades especiales, muchos de los cuales son supervivientes del sistema de cuidados infantiles. Creo que su creciente aceptación por parte de la sociedad rumana se debe a la influencia de Occidente, más compasiva. Los forasteros han traído consigo costumbres y prácticas que consideraban normales y que la sociedad rumana ha ido absorbiendo gradualmente.

El ímpetu de mis idas y venidas con tanta frecuencia se debía a que el antiguo modelo de PC#3 claramente no funcionaba. Y fue principalmente por la falta de exposición y disposición para probar técnicas nuevas y diferentes.

Poco después de abrir CVN, insistí en que sacaran a los niños de la casa donde habían estado virtualmente encarcelados. Los niños y el personal necesitaban exposición a nuevos métodos de socialización al salir de CVN para ver el mundo en general. El personal necesitaba cambiar sus viejos hábitos y modelos de cuidado y tomar en serio la atención de los niños como si fueran nuestros. Y sentía que la exposición de los niños a los rumanos aceleraría el reconocimiento de una obligación social obvia entre ellos y los lugareños. El proceso llevó su tiempo porque el personal no quería avergonzarse por el comportamiento de los niños y suponía un esfuerzo adicional. Los niños no querían ir porque, cada vez que habían salido en auto o furgoneta, el personal del hospital les había maltratado. Pero finalmente, el mundo más amplio que siempre habían visto con curiosidad a través de las ventanas enrejadas en el pasado se estaba convirtiendo lentamente en un nuevo escenario por explorar que no suponía una amenaza.

El personal opuso resistencia. El etnocentrismo existe a pesar de las súplicas más delicadas. A pesar de la resistencia, insistí en que salieran. Aunque la curva de aprendizaje fue empinada para los niños, el personal, las personas en los autobuses a las que saludaban los niños y los clientes de McDonald's o del acuario; todos se resintieron al principio, pero al final todos comenzaron a hacerse populares. Ahora es común que salgan. Incluso se fueron de vacaciones a los Cárpatos, a un pueblo llamado Sinaia, donde se celebra un festival de verano. Alquilamos una villa y parte del personal nos acompañó, fue una gran excursión de verano. Algunos comerciantes de la ciudad daban golosinas, juguetes y lágrimas de bienvenida a los niños cada verano. Extrañaban ver a los niños venir a jugar.

El barrio ha crecido alrededor de CVN. Ovidio se ha convertido en un vecindario exclusivo donde los residentes más adinerados de Constanza construyen casas de verano y donde los vecinos le dan la bienvenida a nuestro hogar. Ocasionalmente, la gente se acerca para traernos alimentos, juguetes, cobijas y todo tipo de donaciones. Una mujer bien vestida que viene regularmente en un Range Rover deja grandes donaciones de alimentos, pero no da su nombre. También vienen grupos de la iglesia a visitar a los niños y a jugar o cantar con ellos, y todos están felices o lloran cuando se van.

Hace unos años, donamos un edificio generador de ingresos a Chi Rho. Buscamos un plan para reducir la necesidad de recaudar fondos y poder seguir apoyando el trabajo de forma permanente. Si fuera necesario cuidar de los niños después de nuestra partida, la fundación sería autosuficiente. El IRS impugnó el obsequio y, después de seis años, el caso se presentó ante el Tribunal de Circuito de Apelaciones de Washington D.C. El juez le dijo al servicio de recaudación que fallaría a su favor, pero les aconsejó que llegaran a un acuerdo con Chi Rho. Le habíamos dicho a la corte que apelaríamos a la Corte Suprema y el juez estuvo de acuerdo en que ganaríamos, por lo que el IRS, como parte del acuerdo de conciliación, nos permitió vender la propiedad y no gravar la ganancia. El dinero está administrado por una empresa en Spokane, Washington, en estrecha colaboración con el director financiero de Chi Rho. Por su parte, Cynthia administra un exitoso programa de patrocinio de niños y los fieles donantes han contribuido a este esfuerzo desde 1998.

A pesar de que el gobierno rumano aumenta periódicamente las retenciones de impuestos sobre la nómina y los beneficios de atención médica en los salarios del personal, Chi Rho sigue siendo sostenible, lo que significa que los niños y el personal están a salvo. Chi Rho es la única fundación extranjera que queda en el condado de Constanza y se ocupa de los restos del sistema de orfanatos prerrevolucionario. Cuando llamé a nuestra embajada en Bucarest para quejarme de los aumentos y pedir que alentaran a los rumanos a permitirnos acumular los beneficios pagados por organizaciones sin ánimo de lucro, una joven explicó que los aumentos eran necesarios para poder hacer frente a los pagos de intereses adeudados a la UE para pagar los préstamos a Rumania. El PIB de Rumania por sí solo no podía soportar la deuda.

"¿Por qué no animan al gobierno a ir tras el 80 por ciento de la economía nacional que es mercado negro?", desafié a la joven de la embajada. "No pagan ningún impuesto corporativo y están alejando a las fundaciones. Se van del país".

Ella simplemente respondió: "Es lamentable".

También ha habido otros cambios. Mi amigo Adi ha muerto. Sanda murió repentinamente mientras hacía unas compras para la casa. Ambos fueron colaboradores inestimables y echamos mucho de menos sus risas en innumerables almuerzos y cenas. Sería difícil encontrar dos personas más parecidas a Cristo.

Vero se ha retirado para cuidar a su esposo, pero de vez en cuando viene a visitarnos y a ponerse al día con sus amigos, y también viene a cortar el cabello de los niños. La próxima vez que visitemos CVN, vendrá a casa a disfrutar con nosotros de algunos de los maravillosos almuerzos a la parrilla de nuestro cocinero.

Así que, habiendo experimentado todo esto, ¿no puedo decir que adoramos a un Dios que nos ama a cada uno de nosotros más allá de nuestra capacidad mortal para asimilarlo? Aun así, si intentamos asimilarlo, tanto como nuestros corazones nos lo permitan, nuestras vidas cambiarán. La mía lo hizo. Él nos abrirá los ojos a Su corazón, y si somos obedientes, nos llevará a cada uno de nosotros a circunstancias y resultados inimaginables. Entonces, las palabras del profeta Miqueas saltarán de las páginas de Su Palabra y se grabarán en nuestros corazones para confortarnos, inspirarnos y afirmarnos en que Él irá con nosotros a los lugares a los que nos envíe y nos mostrará cosas asombrosas. ¡Lo vi hacerlo!

Pastorea a Tu pueblo con Tu cayado,
El rebaño de Tu heredad,
Que mora solo en el bosque,
En medio de un campo fértil.
Que se apacienten en Basán y Galaad
Como en los días de antaño.
"Como en los días de tu salida de la tierra de Egipto,
Te mostraré milagros".

—Miqueas 7:14-15

Nota del Autor

Para terminar, quiero contar una breve historia. En medio de mi trabajo en Rumania, visité a mi madre en Arizona. Me pidió que orara con ella para que pudiera tener la fe que yo tenía. Éramos una familia de la iglesia. Íbamos a la escuela dominical y al coro de la iglesia. Fue un día que pasé a solas con ella un mes antes de que muriera. Estábamos planeando la mudanza de mis padres a una vivienda asistida y, mientras conversábamos, ella sugirió que debería escribir un libro sobre los logros agrícolas, políticos y económicos de su lado de la familia.

Le contesté: "No, mamá, no hay nada en esta familia sobre lo que valga la pena escribir. Aparte de algunos pocos logros mundanos, sería como una tragedia griega". Hubo abuso de sustancias, divorcio, infidelidad, abuso infantil... No es una historia que merezca ser contada".

Entonces me dijo: "Y bien, ¿cómo explicas tu vida?". Eso era una forma rápida de decir: "¿Cómo has podido salir adelante con una fe tan fuerte arraigada en el amor de Cristo por los demás?".

Le cité mal Romanos 8:28 para que me entendiera. "Mamá, creo que adoramos a un Dios que hace todas las cosas para bien".

Su comprensión fue instantánea. Ese fue su momento de mirar

hacia atrás en su vida y, sin tener que explicar más las palabras, las dos entendimos sus pecados y cómo yo había sido redimido del abuso para poder compartir el asombroso amor de Dios en un entorno tan extraordinario como PC#3.

Sus siguientes palabras fueron: "Quiero una fe como esa. ¿Cómo consigo eso?".

Me reí. "Oh, eso es simple. ¡Ora y pídelo!".

Ella preguntó: "¿Me ayudarías a orar para conocer y recibir ese tipo de fe?".

"Por supuesto". Me acerqué a ella, puse mis manos sobre sus frágiles hombros y le pedí a Dios que llenara su corazón con la conciencia de cuánto la amaba.

El acto impetuoso de Pedro de caminar sobre el agua para llegar a Jesús debió de ser una muestra de afecto infantil. Mientras su corazón saltaba de amor, se olvidó momentáneamente de sus limitaciones humanas, del sentido común y de los peligros de las circunstancias, y su cuerpo siguió a su corazón sin dudarlo. Y así fue conmigo cuando me adelanté sin dudarlo para poner mis manos sobre los hombros de mi madre en un acto de amor por un alma torturada que necesitaba paz. Ese acto no pudo provenir de mi ser natural.

A veces, ciertos acontecimientos de nuestra vida de fe están rodeados de misterio. Hay algunos eventos de los que, a menudo, nos sorprendemos y terminamos contándolos de forma indirecta. Si eres como yo, reflexionarás y te preguntarás: "¿Fui yo quien hizo eso?". En mi experiencia, siempre pasa después de que suceden y los resultados son inverosímiles, pero están llenos de gozo. Como cuando los apóstoles no reconocieron a Jesús resucitado que caminaba con ellos hablando de su propia resurrección en el camino a Emaús. Pero más tarde, mientras comían con Él, se les abrieron los ojos y se llenaron de júbilo.

Creo que fue Cristo resucitado, con su presencia en mi fe, quien se anticipó con ansias de amor para poner sus manos sobre mi madre y orar con ella. ¿Es eso un misterio? Para aquellos de ustedes que, como yo, creen en un Dios vivo, no, por supuesto que no.

Apendice

A continuación, encontrarás el relato extraído de las notas que tomé durante un monólogo muy rápido de la primera directora. Estos son sus pensamientos; las palabras en cursiva son información de contexto que he añadido. Los nombres incluidos en las evaluaciones del personal se refieren a los niños.

FAMILIA I

Flori (personal): *(Flori era del antiguo personal de PC#3)*. Le está yendo bien. Sacar a Savinci, una chica perturbadora y con un alto funcionamiento, fue bueno para esta familia. El marido de Flori ha perdido su trabajo. Ella está concentrada. Su niña favorita es Petra. A Petra le encanta el club infantil, donde está aprendiendo a ser niña. Flori la anima.

Vero (personal): *(Vero también formaba parte del personal original del CP#3. Fue la primera en solicitar una entrevista)*. Es excelente: motiva a otras mamás, pero necesita ser más flexible y tiene potencial de liderazgo. Aporta ideas nuevas, es muy organizada y anima a Flori, con la que está muy unida. Vero es una buena supervisora, no una directiva. Flori y Vero se comunican bien con el personal, pero su estilo es muy dictatorial, de la vieja escuela.

Stefan: Ha cambiado después de que Savinci se fuera, ya no dice palabrotas, se ha integrado en la familia. Le encantaba la actividad con el equipo de Ken Merrifield, de Estados Unidos, y cree que volverá con su familia de origen, que lo entregó a PC#3 cuando tenía 18 años. Nunca está enfermo. Su estado de salud no concuerda con sus cargas virales, que son muy altas. Es el número uno en la escuela. A él y a Vale, el profesor, les va bien juntos. Como los demás niños, no sabe qué hacer con el amor. Él y los demás no confían en ello ciegamente y se enfada cuando lo experimenta. Aprovecha bien el amor y supera con facilidad a cualquiera que intente dárselo y tenga límites deficientes.

María: Le va a costar crecer. Es ingenua y necesitará protección. Quiere ser cocinera de mayor y limpiar para sus mamás. Nunca ha llorado, excepto cuando la celebraron con su propio pastel de cumpleaños. Tiene una gama limitada de emociones, se adentra en la niebla, puede ser muy feliz y siempre intenta agradar.

Alin: Es muy excitable, lo contrario que María. Tiene una amplia gama de emociones, es muy cariñoso, sensible, con problemas de salud y cardiacos de regulares a graves.

Petronela: Está bien físicamente, probablemente porque come lo que quiere. Ha tenido menos infecciones; aunque sabe lo que quiere, no puede hablar. Dice algunas palabras o sonidos básicos: "pa pa, ta ta, mamá".

FAMILIA 2

María (personal): Verborrea ininterrumpida. Admite haber sido abusada por su marido y tener un hijo que la ama y que odia a su padre. El padre bebe. Está muy conectada con su familia de niños en CVN. Es una buena mamá. Es muy práctica, cose, les hace pantuflas a los niños, es una mamá perfecta, enseña a coser a las niñas, usa su cerebro. Florin Belascu la adora y están vinculados. Su punto débil es que está demasiado involucrada y podría agotarse. Mima a sus hijos con dinero que no tiene *(Finalmente la despidieron por golpear a una niña)*.

Un comentario al margen: tenemos una póliza en CVN y es firme. Si se golpea a un niño, se produce el despido automático e inmediato. Desafortunadamente para María, ella era una adulta con un historial de negligencia y abusos desde la infancia que afectaba a nuestros niños. Nuestros niños estaban acostumbrados a expresar los síntomas del trastorno reactivo del apego para atraer la atención de un cuidador. El abuso y sus síntomas se dan en personas de todas las edades en Rumania. Ya fuera por niños de orfanatos o de familias disfuncionales, el abuso no se reconocía. Antes de la revolución, el Estado no fomentaba la figura de los psicólogos terapéuticos; prefería titulados universitarios en ingeniería y ciencias duras. Nadie sabía que eran disfuncionales; simplemente asumieron que pegar a un niño para corregir su conducta era algo normal.

Estábamos seguros de que otras mamás les pegaban a sus niños y sabíamos que se protegían mutuamente. Desafortunadamente, los responsables no reconocieron su propia disfunción y temieron perder a las mamás por miedo a no poder reemplazarlas. María tenía a Deda en su familia y el liderazgo no reconoció la naturaleza explosiva de Deda como catalizador del abuso.

Una de las hijas de Adi fue testigo de más de un suceso y me lo contó. Examinamos a Deda. Tenía erupciones en forma de palmas en la espalda. María negó haber golpeado a Deda, pero afirmó que, si lo hubiera hecho, Deda se lo merecía. Deda, sollozando, negó lo ocurrido para proteger a su mamá. En su siguiente suspiro, ella misma lo contó. Animé a los líderes a que la despidieran ese día. Ellos se resistieron. Cuando insistimos y María salió de la casa esa tarde, las repercusiones resonaron en ella.

Más tarde esa noche, durante la cena, un miembro del personal nos preguntó: "¿Por qué los estadounidenses no creen en los castigos corporales?".

Brandusa (personal): Es un poco distante, apenas la conozco, nunca sé realmente lo que está pensando. Es su trabajo, pero tiene los límites muy claros. Goza de un buen equilibrio en su vida privada.

Deda: Fue abusada sexualmente por una voluntaria, idealiza la idea de conocer a su madre y anhela pertenecer. No se concentra en la escuela, necesita la aprobación de un adulto, pero ahora tiene compañeros con quienes relacionarse. Está cerca de Claudia. Tiene buena salud, herpes recurrente, es una superviviente *(en la cultura del orfanato, el término superviviente está definido. Significa que, a pesar de las circunstancias y lo que sufrieron, elegirán vivir).* Deda es una gran manipuladora, buena hasta después de su cumpleaños, le va bien en su familia, está vinculada a sus madres.

Sabrie: ¡Oh, ámala! Es una niña muy sensible, maternal, limpia a Florin y, a veces, prefiere eso antes que hacer la tarea, comportarse y expresarse correctamente. Es obediente, buena niña, muy cariñosa, pero no es luchadora, no lucha por su vida; ama a su familia y a sus mamás.

Bumba: Ha experimentado un gran cambio, realmente ha salido a la luz. Le encantan las gafas de sol y los espejos, y le gusta cantar para sí mismo. Titus y Bumba son hermanos muy cariñosos. Bumba es un conversador incansable y muy seguro en su familia. No es un superviviente; necesitará cuidados de por vida y ama a su familia.

Titus: Está desesperado por que sus piernas funcionen, tiene problemas para caminar y no puede doblar las piernas debido a las muchas inyecciones que ha recibido (tiene cicatrices) o por haber estado atado durante muchos años cuando era un bebé. Podría necesitar una cirugía correctiva. Es tranquilo, le encanta comer, le gusta su ropa, es cariñoso y demostrativo, pero tiene problemas de lenguaje, se sienta todo el día con un walkman puesto, le encanta la música y está aumentando su nivel de concentración con todos los niños.

Florin Belascu: El bebé de la cama. Todavía ama su cama, se tumbará en ella sobre una sábana de plástico durante horas si se lo permites, se mojará y se autoestimulará de forma inapropiada. Ama a María, se fija en uno o dos juguetes, recibe mucha estimulación oral con ellos, pero recién comienza a masticar la comida; ignora los alimentos que requieren masticación, pero se come una Big Mac. Necesitará cuidados de por vida, odia ir al baño, es el único niño que usa pañales y está poco desarrollado físicamente.

FAMILIA 3

Bien *(a la directora le gustó esta familia).*

Sefa: (personal): Me gusta esta señora. Tiene buenas habilidades de liderazgo, es muy tranquila y tiene un carácter muy asertivo. A través de un liderazgo silencioso, es una gran mamá *(especialmente para una mujer soltera).* Trabaja bien con Gabi, la quiero de vuelta, está de baja por maternidad. No es la típica rumana: resuelve conflictos con los demás, no chismea y busca un tercero si no puede resolver un problema por sí misma *(aunque es raro que un problema llegue tan lejos).*

Lili (personal) *(Liliana, suplente de Gabi)*: También es el tipo de persona de Gabi. Es una nueva creyente y les cae bien a los niños.

Gabi (personal): Personalidad muy fuerte y cariñosa, muy devota con sus niños, está orgullosa de ellos. Los niños no entienden por qué su marido, Adi, no se acuesta con las otras mamás.

Antoanetta: Desde el punto de vista de la salud, el quiste que tiene en el hígado sigue igual de grande. Necesita medicación durante un año, pero aquí no la operarán. Un golpe en el abdomen podría romper el quiste y una infección podría causarle la muerte. Ella es consciente de ello. Es muy brillante. Ella es quien cuida de su madre biológica; la madre es muy sencilla. Un hermano gemelo murió aquí en PC#3. Si su familia se lo permite, la dejaremos ir a casa gradualmente a partir de los fines de semana. Ha comenzado una terapia para aprender a identificar sus sentimientos, porque como la mayoría de los niños, no sabe hacerlo. Preferiría volver a su casa en Mangalia, no le gusta estar aquí con niños discapacitados. Utiliza las emociones para manipular a los adultos.

Coca: Odia su nombre real y prefiere que la llamen Coca. Ha tenido menos crisis a lo largo de los meses, ya que antes no podía expresar sus sentimientos y lloraba con frecuencia. Ahora está más asentada y llena de vida gracias a su conexión con los hombres, a los que busca. Adi es su principal interés. La querían cuando era bebé y vino aquí en 1994. Su madre murió de sida y demencia. Tiene un padre, aunque se desconoce su paradero. Han comenzado los trámites de adopción para enviarla a Gran Bretaña. Ella encaja en una familia. Puede expresar sus necesidades, ya que no fue descuidada cuando era bebé. Creció en un pesebre de establo donde la encontraron las autoridades. Está bien y es capaz de expresarse.

(Coca era una de las niñas con mejor funcionamiento. No podía dejar de golpear a otros niños. Los niños más débiles pasaban junto a ella y ella les daba puñetazos. La senté sola después de un incidente en el que la vi golpear a Adi Secure y tirarlo al piso. Mientras estaba sentada en una silla, intentó noquearse golpeándose la parte posterior de la cabeza contra la pared. Cuando se negó a dejar de intentarlo, le pedí que fuera a la oficina de la directora conmigo para romper su patrón. Ella se negó. Cuando la levanté para tomarla, ella estalló, pataleando y gritando incontrolablemente. Le hicieron la prueba y resultó que no tenía VIH. Ella era mucho más grande que los otros niños. La directora alentó su adopción a una familia británica que visitó CVN desde su iglesia en Inglaterra. Cuando la llamamos y hablamos con ella varios años después, no recordaba a ninguno de nosotros: CVN o PC#3. Hablaba inglés con acento británico).

Alina: Todavía se aleja de ti si te acercas en silencio, pero va mucho mejor. Es más comunicativa, demostrativa e interactúa más con sus iguales *(los más afectados por la institucionalización)*. Se nota que es original de PC#3. Está saliendo, no necesita protegerse, le encanta besar y te busca.

Tito: Este niño... es un anciano en cuerpo de niño. Intenta ser bueno, pero siempre miente. "Lo siento", pero luego vuelve a mentir. Rompe cosas y siempre culpa a los demás. Le llevamos un gráfico de comportamiento. Pero es adorable. Está desesperado por un teléfono y un coche con control remoto. Tuvo uno un día, pero lo rompió tratando de descubrir cómo funcionaba. Es un superviviente, pero no podría sobrevivir en el mundo solo. Su salud no es buena, odia la escuela, no da una razón cuando se le pregunta, es obstinado, llora antes de ir a la escuela y destruye todo lo que le dan.

Florin Farcas: Dios mío, este niño está perturbado. Se pega a ti, se limpia la nariz en ti y luego te deja en paz. Tiene sinusitis crónica. Entiende a sus madres y educadores, y los escucha, pero permanece en su propio mundo. Moja su cama *(entre el 30 y el 40 por ciento todavía mojan la cama; antes era el 80 por ciento)*.

FAMILIA 4

Gigi (personal): No estoy segura de que vaya a seguir aquí. Es una alborotadora. Lloró constantemente después de la muerte de Ferdi; Savinci la consuela al hablar de él. Le hace pasar un mal rato a Dani y la estresa. He entrenado y aconsejado a Gigi, le he dicho que está en su mundo. Le he informado la administradora sobre su estado. Ama a los niños, pero es demasiado dura con ellos (es de la vieja escuela) y espera que la respeten en lugar de ganarse su respeto; es orgullosa. "Perdió el control" cuando murió Ferdi. María vino a ayudarla y la echa de menos.

Haremos un examen Myers-Briggs lo antes posible para todo el personal.

Savinci: Ella es una nómada, va de una familia a otra, y siempre acaba interfiriendo. Se quedará aquí hasta que su padre regrese. Ha tenido una pequeña hemorragia. La dejaría ir a casa, pero siento que su padre abusaría sexualmente de ella. *(Durante mi estancia allí, tuvo varios incidentes de comportamiento. Amenazó con suicidarse con tijeras, amenazó a otros al mismo tiempo, maldice, empuja a Narcis y a otros niños que solían tener comportamientos negativos, pero que ahora están menos afectados, y maldice a las madres. Oramos por ella).* Es el botón brillante de la escuela, pero sin motivación. Se ha adaptado bien a la familia 4, con la que mantiene un buen equilibrio verbal. *(Los conceptos familiares son ajenos a nuestros niños. Necesitan educación sexual; la directora capacitará a las madres para enseñar a los niños. En Rumania no se empieza a educar a los niños sobre este tema en la escuela hasta los trece años. Para Deda, Selda y Stefan es el momento adecuado).* Debido a su brillantez, atrae a todo el personal. La enviaron al hospital con Stefan durante tres días para que aprendieran una lección. Golpeaba a Petra y era desafiante. La doctora le permitió quedarse todo el fin de semana. Stefan estaba más arrepentido; Savinci estaba hosca y estuvo hablando con las enfermeras durante tres días. Stefan volvió a casa al día siguiente. Después de la muerte de Ferdi, la pusieron en la Familia 4 y no quiere volver nunca más al hospital. Quería a mamá Daniela. Se lleva bien con Dani Radu. Era mayor cuando llegó a nuestro cuidado: ¿crianza versus naturaleza? Está en el límite de estar saludable; le ha salido herpes zóster debajo de las axilas.

Ionella: Necesita cirugía correctiva ocular. Me siento triste por ella. Es quisquillosa, se queja todo el tiempo y tiene problemas con las habilidades lingüísticas. Centrará su atención en su cumpleaños. Le encanta lavar las alfombras, las lava todos los días de forma compulsiva. Le encantan los abanicos de papel, es muy ingenua, pero los profesores dicen que le irá bien en su grupo. Debido a que se queja, la ignoran *(me preocupa su futuro porque otros no atenderán a sus necesidades)*. Es autónoma e independiente y hará trabajos repetitivos.

Georgiana: Cambio increíble. Está saliendo de la niebla y está desarrollando talentos artísticos fantásticos y habilidades excepcionales para la pintura. Hará pinturas fantásticas, pero no podrá volver a hacerlas iguales. Ve colores e imágenes que nadie más ve. Luego los reproduce meticulosamente con cualquier medio (papel, plantas, semillas, lápices de colores o pinturas) que se ajuste a la imagen que ve. Es muy metódica: una combinación inusual de creatividad y capacidad de concentración. Le encanta hacer las tareas del hogar y los rituales, pero también se inspira. Su habla la frena, no puede formar palabras, ama su apariencia, su imagen corporal y su cabello arreglado correctamente. Tiene un espíritu hermoso y amoroso, y una vez que se genera confianza, es muy cariñosa. Recuerda y reconoce a las personas que fueron amables con ella. Su salud es buena; de todos los niños, es la que está más enferma por una infección de garganta, pero no puede hablar para describir su estado. Su mayor desventaja es su cumplimiento. Su mamá la calma; necesitará estar en un entorno de apoyo toda su vida.

Narcis: Qué mejora en esta niña. El mal se ha ido. Le va bien en la escuela, es muy alegre y está entusiasmada con todo lo que quiere *(hace listas)*. Antes era muy compulsiva, pero ahora está contenta. Ahora sabe cuándo está haciendo algo mal. Ya no golpea tanto. Ahora es muy demostrativa. Habla mucho y, de repente, se adentra en la niebla, queda completamente en blanco y luego regresa. Extraña a Ferdi, habla de él y de a dónde fue. Lanzó una pelota al aire y dijo: "Tómala, Ferdi". Ama a mamá Dani y quiere volver a casa con ella. Muchos niños quieren salir y hacer cosas. Le encanta el club de niños; en ese sentido, también ha cambiado. Su promedio en la escuela es bueno.

FAMILIA 5

Ha habido un gran cambio en esta familia con el cambio de mamás. Mariana y Laura se separaron. Laura ahora está con Sylvia. Lo sorprendente es que eran como robots, todos ángeles, todos vestidos igual. Laura no tiene problemas ahora para relacionarse con las otras mamás. Puse a Mariana como sustituta y ascendí a Sylvia de sustituta a mamá. Al hacer eso abrimos una caja de Pandora. Tuve que aconsejar a Laura sobre su comportamiento con sus colegas. Las mamás jóvenes no podían manejarla, le pusieron un límite de tiempo. Profundizaron en su pasado, todavía se reúnen semanalmente. El padre maltrataba a Mariana y a su madre. Lili hace de intérprete y es excelente. Laura necesita mejores modelos a seguir, pero está interesada y se relaciona bien con Sylvia. Fue difícil para los niños separar a Laura y Mariana, especialmente para Selda. Ambas mujeres tienen un estrés enorme.

Sylvia (personal): La casa de Sylvia se está vendiendo para saldar deudas. Se van a mudar a un departamento. Sylvia entra y aconseja al resto del personal. *(Nota: Fue durante estos primeros años cuando recibimos muchas solicitudes de ayuda financiera por parte del personal y otros miembros de la iglesia y la comunidad. No pudimos hacerlo por el precedente que sentaría. En todo caso, dejó claro que, si alguien elegía servir en este ministerio, ya fuera en Rumania o en los Estados Unidos, tendría que pagar un precio).* Sylvia ama a sus niños. Laura es callada. Sylvia es optimista y positiva, y los niños han prosperado. Les doy tiempo libre para cuestiones relacionadas con el estrés. No quiero perder personal y luego tener que reemplazarlos, porque eso inquietaría a los niños. La ausencia de abusos es un buen cambio; los cambios en sus entornos de vida resultan inquietantes y socavan la confianza. Dios está obrando en esta situación. Estudian la Biblia juntos. El marido de Sylvia es musulmán y tolera que ella estudie porque su vida está cambiando para mejor. Dani, Radu y Sylvia se llevan bien. Sylvia había acusado a Dani de ser lesbiana, lo cual es ilegal en Rumania.

Selda: ¡Esta niña! He estado preocupada por ella porque es uno de los niños mayores y con mejor funcionamiento de PC#3. Solo ahora se deja abrazar por Mariana *(Mariana también era miembro de PC#3 y estuvo con Selda desde el principio de su estancia allí).* Selda y Mariana son muy cercanas. Selda pensó que la directora no la quería porque no la abrazaba, pero ahora sí lo hace. Selda mató a golpes a un bebé en los primeros días de PC#3. Quiere recibir atención a su manera. Empecé a recibir asesoramiento con ella la semana pasada; entonces estaba actuando verbalmente y era agresiva. Empezó a tener un gráfico de comportamiento. No sabe cómo expresar su frustración sin ponerse enfadada y ser agresiva. Se mete con Crina y luego miente al respecto. Solía cuidar de Crina. También se metió con Adi Secure. Si quiere pegar, se le anima a que pegue a la almohada y hable con su mamá. Desde entonces no ha habido más golpes. Ahora, sin golpear la almohada, la tira. Está enfadada porque Mariana se ha ido y se lo toma mal. Nos reunimos con ella semanalmente para aconsejarla. Durante la sesión de asesoramiento, le sugerí a Selda que debería compartir su enfado con Jesús. Cuando mencioné a Jesús, Selda se mostró impasible. Me acerqué *(dentro de su límite)* y Selda rompió a llorar, como si le hubieran quitado un peso de encima. Le dijimos a Selda que era normal tener miedo. Su salud es buena. Estamos preocupados por su vida futura. Desde que Sylvia llegó, Selda anda muy bulliciosa fuera de casa. En casa es callada. Fue admitida en PC#3 en abril de 1990, junto con Saban. Nació en 1988, nunca ha recibido visitas y los registros no reflejan ninguna familia conocida, pero tiene un certificado de nacimiento.

Claudia: Tiene una historia muy interesante. No muestra emociones, es imposible entrar en su mundo. *(Aquí no estoy de acuerdo con la directora. La he visto sonreírme, reír y responder a miradas y preguntas. Ella se mantiene en el perímetro del grupo, pero responde cuando la invitan).* Nunca la he visto sonreír ni reír. Desde el cambio en su familia, habla mucho más. También ha empezado a acurrucarse, a demostrar cariño y a hablar ruso mientras duerme.

Es originaria de Tulcea, una ciudad del delta del Danubio, cerca de Ucrania. Me gusta. Es inteligente, buena estudiante, goza de buena salud y tiene muchos puntos a su favor; es un ratón de biblioteca y le irá bien en el mundo. Mojaba su cama cuando Mariana estaba ahí, pero ya no. Ama a Crina y la cuida.

Georgetta: La llamamos Geo. Ingresó en PC#3 en 1989, procedente de la ciudad de Navodari, cuando era una bebé, tras descubrirse que la atención pediátrica recibida la había infectado con VIH. Su madre se volvió a casar, la visitó una vez y el personal anima a Geo a que llame a su madre periódicamente. Están animando a sus padres a que la lleven a casa los fines de semana; su madre dice que sí, pero luego nos enteramos de que su padrastro estaba en contra de la reinserción. El personal la lleva a casa, pero no muestra emoción al regresar de estar con los padres. Es una niña muy brillante: creativa, bondadosa, que no tiene problemas para expresar lo que quiere. Tiene unos ojos bonitos.

Adi Secure: En una escala del 1 al 10, tiene un 10. ¿Cómo logra mantenerse con vida? es un misterio de la fuerza de voluntad de los supervivientes. Sangra crónicamente por los ojos, los oídos, la nariz y la boca. Al parecer, no se puede hacer nada por él desde el punto de vista médico. Le han administrado esteroides, hemoglobina y transfusiones de sangre. Se sabe poco sobre sus antecedentes. Come sin parar, pero nunca engorda, por lo que es un candidato ideal para tomar un suplemento. Es un compañero pequeño pero grande. Él sabe que está enfermo, es un niño dulce. Le gustan las cosas sencillas, no más actividades con lápices y muñecos. Cumplirá 12 años el próximo mes de marzo. Ha visto un acto homosexual en el hospital, moja la cama, es muy cariñoso, ama a sus hermanas y a Crina. Se pone enfermo de todas las enfermedades, pero no se queja ni acude a ti cuando está enfermo; es muy cariñoso.

Crina: Crina bailarina, Miss Coca 99. Antes se quitaba los pañales, ahora se come sus heces y las esparce por todas partes. Ha tenido un enorme progreso verbal, antes solo comía pan, pero ahora está ingiriendo más variedades de alimentos, come poquito todo el día. Tres de cinco noches come excrementos. Tiene una actividad normal en el baño, pero apenas ha comenzado a embarrar. Curiosamente, no le gustan los juegos sucios, como jugar con tierra o barro. Ella siempre necesitará cuidados. Solo esparce caca por la noche. Trata todas sus posesiones con rudeza, pero le encanta que la froten y la acaricien, y se vuelve más tranquila. Ella y Sylvia se quieren. Sylvia le da demasiado. Gracias a ella hace mucha limpieza.

FAMILIA 6

Esta familia avanza sin problemas gracias a la estabilidad emocional de las madres.

Dorina (personal): Su aspecto ha cambiado. Ahora parece mucho más joven. Cuando tuvo un prolapso de útero este año, Daniela Ianorescu y yo la visitamos en el hospital. Le llevamos flores. No podía creer que la jefa fuera a verla. Dani explicó que era Jesús quien venía a verla. Dorina es más abierta ahora. Asiste al estudio bíblico matutino, su psoriasis está en remisión y se sincera. Ama a sus niños, se lleva bien con Marcut y trabaja bien con Anasioara.

Acude a mí para hablarme de problemas corporales. Compartirá una risa contigo, pero no su corazón.

(Cuando visité PC#3 por primera vez en 1992, Dorina y Vero estaban allí como miembros del personal original. Ambas fueron entrevistadas y pidieron la oportunidad de quedarse con los niños cuando PC#3 dejara de existir. Dorina siempre ha tenido un semblante estoico y profesional. Es natural en ella, pero de ninguna manera refleja su corazón ni su maravilloso sentido del humor. Tanto ella como Vero pueden ser severas y exigentes con los niños; en una crisis, son ellas las que tienen el control total. Los niños saben que los quiere y el respeto mutuo es evidente. Cuando entrevisté recientemente a cada miembro del personal, dijo una de las cosas más notables. Dijo: "Mi cara no refleja lo que siento en mi corazón". No, amiga mía, no lo refleja, pero tu vida sí).

Anasioara (personal): Prefiere que la llamen Ani. Es una dama especial. En el futuro, debería ser gerente. Le falta espiritualidad, pero es comprensiva. Es muy sensible, intuitiva y brillante. Una vez enseñó a niños con necesidades especiales y ahora Marcut es adorable. Tiene buen gusto. Equilibra a Vero en el liderazgo del equipo; Ani tiene corazón y sensibilidad donde Vero solo tiene corazón. La adoro. Si la ignoraba, se callaba; era porque estaba tratando de complacer a la jefa. Es una persona complaciente y servicial. Está aprendiendo a cuestionar. Es buena haciendo presupuestos y solo gasta en lo que necesita. *(Aquí hay un comentario sorprendente: si se salvara, la nombraría nueva directora. Será una joya en el futuro para cuidar de los niños cuando estén en acogida porque es una buena planificadora. Equilibra a Vero, que es más autoritaria).*

(Nota: Anasiaora fue hallada muerta en su departamento varios meses después de lo que parecía un suicidio. Era un alma sensible y bondadosa, a quien todos amábamos y respetábamos. Me entristecí profundamente y me enfadé conmigo mismo por no haber notado las señales. Le pregunté a nuestro personal cómo habíamos podido pasar por alto esas señales. El antiguo estilo vertical de la gestión rumana no fomenta la equidad entre los trabajadores. El concepto de responsabilidad compartida entre colegas en un plano horizontal de autoridad es contracultural. Nadie comparte sus necesidades o ideas para hacer ajustes que podrían mejorar las condiciones laborales. Comenzamos a alejarnos del modelo vertical al horizontal, y no solo por la muerte de Anasioara. Los mejores administradores no conocían tan bien las necesidades de los niños ni las de las madres, que habían pasado toda su vida laboral con ellos. Y, hablando sin rodeos, la disparidad en la confianza entre las denominaciones bautistas y ortodoxas obstaculiza la innovación. Cuando algunos miembros del personal se resistían a la innovación alegando que "eso no se hace aquí", yo respondía: "Todo lo que hemos hecho aquí nunca se ha hecho antes").

Marcut: Sordo como un poste de puerta, lo amo. Acúfenos crónicos *(otitis media secretora)*. Infecciones bacterianas recurrentes por falta de tratamiento. Le va bien: ya no tiene miedo de salir en la furgoneta y le encanta comer. Lo llevaron a pasear en Ovidio para que saliera de casa. Era tan violento que se necesitaban tres personas para sujetarlo. Ahora le encanta ir porque tiene un amigo allí. Es, por mucho, el más vanidoso. Pide espaguetis todos los días, pero se está calmando. Ya no escupe ni patea.

Laura: "Se está calmando y está trabajando duro para entrar en la escuela. Ella y su hermana Valentina compiten en la escuela. Ya no es el centro de atención. Está aprendiendo a escribir. Les pide a todos los demás niños que se recuperen si se portan mal en el patio de juegos. Nunca la veo triste, siempre es alegre y le encanta cantar. Tenía muchos zóster en la espalda y las piernas y últimamente le habían inyectado hemoglobina por problemas hepáticos. Ahora parece estar teniendo una buena vida.

Valentina: Estoy preocupada por esta niña. Se queda en blanco y llora. Solía llorar y llorar por su mamá; ahora vuelve a hacerlo. Está enferma de infecciones bacterianas recurrentes y no se libra de la faringitis estreptocócica. Se acurruca en la cama, cansada de estar enferma. La llevé de compras y le encantó, haciendo preguntas constantemente. *(Selda roba en las tiendas y de las carteras de las mamás.)* En la escuela le va bien, ya terminó la guardería.

Florentina: Es una niña hermosa, pero todavía está triste, con la cabeza gacha. Felícitala y su cabeza baja aún más. Es tierna, ya no se tira del pelo y llora cuando Ani se va. Ani la llama por teléfono. Al igual que Titus e Ionella, quienes podrían someterse a cirugías correctivas, no es necesario operarle el pie zambo. Es una niña trabajadora, mediocre, y tiene infecciones recurrentes. Me preocupo por ella porque no se queja, es demasiado complaciente. Es talentosa para las manualidades y se adapta bien.

FAMILIA 7

Daniela C. (personal): Nos ha molestado a mí y a la subdirectora, que ha sido muy buena evaluando. Es muy inmadura, no sabe controlar sus emociones. Sus arrebatos nos quitan energía. Es una buena víctima. Le dije en la cara lo que está pasando, se lo dije en forma de imagen. Ella no lo niega, piensa Lili. Sin seguimiento, lleva a sus hijos a la guardería que hay al lado de nuestro edificio. Ella ha estado en la burbuja; la acusan de robarnos una plancha y unas cucharas, pero cuando la confrontaron, las cucharas regresaron. A la enfermera Mirella le robaron dinero cuando Daniela estaba en su oficina. Ella y Gigi podrían ser despedidas. Se le ha dado otro mes para recuperarse, pero no está asimilando la situación, solo la está sobrellevando.

Mihaela (personal): Me ha impresionado mucho como mamá. La adoro, quiere mucho a sus niños. Siempre me consulta si tiene alguna pregunta. Tiene un vínculo natural con las niñas, ama su trabajo y sus niños la quieren. Nunca delata a Daniela.

Ancuta: Niña extraña. Es bastante difícil de evaluar. Le entran momentos de vacío, se molesta si se la descuida, ataca a otros niños, se disculpa si los adultos la ven molestando a los demás, es celosa y molesta a los niños más pequeños. La aparté una vez y se volvió loca. Quiere la atención de los adultos, quiere ir a la escuela, no puede describir sus sentimientos, tiene un vocabulario limitado, comete errores gramaticales, es distante y no ha cambiado desde la infancia. Privación de oxígeno al nacer o privación genética.

Vasilica Marcut: ¡Oh, esta niña! Sin duda, necesita una operación en los ojos. Está desesperada por conectar, pero no puede (por autodestrucción); ha sufrido por la institucionalización. Tiene unas necesidades emocionales enormes. Se sentará y destruirá cosas delante de los adultos. Golpeó a Mihaela, no pudimos contenerla y esta fue con Doina para que la ayudara. Le dijo cosas tan viles a esta que la asustó. Doina es una de las madres que menos intimidan. Vasilica preguntó por qué Mihaela no le había devuelto el golpe. La pillaron cuando intentaba meter un trapeador en la boca de Ancuta. No hablaría de ello si Mihaela estuviera presente. La directora dijo que ya había visto antes que sucediera algo así en PC#3. Cuando se le preguntó en consejería si no se daba cuenta de que se trataba de una Casa Vida Nueva, dijo que sí, que podía ver la diferencia. Un gráfico de comportamiento no ha servido de ayuda. Selda y Deda han aprendido a ganar pegatinas. A Vasilica no le importa. Sin embargo, le encanta la escuela y siempre es la primera en clase. Los eventos de crisis ocurren durante días, no se trata solo de un evento puntual. No sirve de nada tratar de ocuparla con manualidades. Palabrotas. A largo plazo necesita mucha ayuda. Las habilidades sociales de los adultos serán difíciles de aprender. Siempre exigente, sorprende a la gente con sus exigencias. A Flori le pedía cosas sin parar. Cuando le daban cosas, las destruía. Luego sale de ahí como Jekyll y Hyde. Maldijo vilmente a Nuta. No se disculparía, solo lo haría cuando se lo ordenaran. Me asustaba la posibilidad de que esta niña manipulara su sexualidad en el futuro. *(Resultó ser una predicción precisa)*.

Tanure: Una de nuestras cuidadoras la describe como una niña exigente, lo cual me resulta extraño. Sin embargo, es dócil después de todo lo que ha pasado. Tiene problemas en la escuela. Es cariñosa y tiene un fuerte vínculo con Mihaela; nunca habla de sus padres, a quienes conoció y visitó *(a diferencia de Antoanetta)*. Es cómica y hace las cosas con pasión. Es la segunda de la clase. Les gritó a Dani y a Mihaela que no aprendería, porque odia la escuela. Pasa todo el día coloreando, necesita estímulo para hacer cualquier cosa y le falta motivación. No es mucho para ella. "Me gusta jugar". Le gustan las muñecas, los juegos durante las vacaciones en la escuela, caminar y las comidas sencillas. Quiere ser directora. Es muy simple, no tiene profundidad, a los patrocinadores les dice: "¡Que tengan un buen día!". Le falta imaginación, representa roles y obtiene su identidad de los demás. Estaría feliz de sentarse en las rodillas de Mihaela todo el día. Es muy conformista. Su madre es prostituta y comercia con coches robados, "una auténtica maravilla".

(Si acogemos a dos niños nuevos, los pondríamos en esta familia. Todos cumplen; otros niños estimularían a las niñas y a las madres. He pedido dos niños. No quedan muchos niños en el hospital de enfermedades infecciosas: solo 20. La doctora los está asignando a nuevos hogares grupales. (Este comentario anecdótico de la directora revela el papel de guardián que la doctora había explotado en su control de la distribución de los niños. Cuando se nos concedió el control de PC#3, nos dijeron: "Si quieren jugar con algunos niños, déjenlos jugar con ellos. Pagarán por la oportunidad y todos ganaremos algo de dinero". Los niños son su activo).

FAMILIA 8

Daniela (personal): Es inmadura, pero está recibiendo formación en el trabajo. Es solo una niña, una niña risueña y amiga de la otra Daniela *(la de la burbuja)*. Tengo esperanza en esta chica. La sorprendí pegándole a uno de los niños en el trasero y maltratando a Scumpa, pero no pude despedirla porque Scumpa es un caso difícil.

Doina (personal): ¡Es una mamá magnífica! Tiene habilidades naturales. Se preocupa por sus niños, los quiere mucho y ha invertido mucho en ellos *(los niños la adoran: Suzy, Benga y Scumpa)*. Está orgullosa de ellos y de haber invertido tanto tiempo y esfuerzo en ellos. Los lleva a la iglesia y a su casa. Suzy viene gracias a Doina. Aman a Jesús gracias a Doina. Está orgullosa de sus niños y no acepta que nadie le diga nada sobre ellos cuando los saca en público. Ella es una de las pocas personas de nuestro personal que sale con sus niños sin miedo al estigma. Y cualquiera que se preocupe por ellos también es estigmatizado, como cualquiera que sea lo suficientemente tonto como para cuidar de los leprosos en el ministerio de Jesús. En resumidas cuentas, los niños son un recordatorio del pecado de Rumania. Son un objeto de vergüenza para la nación.

Suzanna: Suzy, ¡qué cambio! Ha cerrado el círculo. No podía sacarla del edificio ni meterla en un auto. Escupía, arañaba, golpeaba y gritaba. Ahora su amor número uno es Jesús. Es conversadora, receptiva y cariñosa, pero le gusta estar acurrucada. Sigue siendo intensa. Le encanta cantar y ama a los demás incondicionalmente. Está molesta porque Benga y Scumpa no pueden hablar, así que tiene otros amigos. Le gustan Dorina y Ani porque hablan con ella. También le gusta Alin, pero hay otra en el grupo, Laura. Son amigos. Juegan a ser médicos y personas moribundas. Ella recrea cosas como mamás y papás. No tiene buena memoria, no puede memorizar canciones. Tiene una amiga cuando visita la iglesia de Doina en Basarabi. Si Benga recibe amor y ella no, pide un abrazo. Ya casi nunca golpea a sus hermanas. Pero si Benga golpea a Scumpa, ella los protege. Le encanta hablar con Adi y subirse a la furgoneta. Ella elige su ropa. Le encanta el top de vaqueros de GAP que le regalaron los Beck. Anhela ver a sus patrocinadores *(Nota: en esta narrativa no están los cientos de comentarios y preguntas de los niños sobre cuándo vendrán sus padrinos a verlo*s). Tiene algo con los hombres, particularmente con los hombres. Puede evaluar el carácter, no abraza a todos y te ruega que acudas a ella, pero solo después de haberte elegido a ti. Le gusta hablar con el cocinero, pero como un niño de cinco años. Siempre está buscando algo *(todos lo hacen hasta cierto punto)*. Nunca parece estar enferma; cuando todos los demás están cayendo, ella no.

Benga: Qué puedo decir, lo sabes todo. Tiene gustos y aversiones definidos, no es una jugadora de equipo. Juega sola y le gustan los juguetes musicales. Todavía mueve la cabeza de un lado a otro, es muy pretenciosa y no acepta un no. A Doina le cuesta decirle que no debido a sus rabietas. Está inconsolable hasta que consigue lo que quiere. La comida y la ropa son los artículos más importantes para ella. Odia que los demás le llamen la atención. Puede repetir palabras, le gusta cantar, pero todo lo hace a su manera. Repite el Padrenuestro con su mamá. El lenguaje aumenta con canciones y rimas; "da" es una palabra grande. *(Es posible que esto haya sido una ilusión por parte de la directora. En 28 años, nunca he escuchado a Benga pronunciar una sola palabra)*. Suzy y Benga juegan a hacer cosquillas; ella juega con los dedos en la boca. Le gusta acurrucarse en el regazo como un bebé. No le gusta su cama; duerme en el suelo. Le gusta dormir con su mamá y hace la siesta con la almohada sobre las bobinas calefactoras del suelo.

Scumpa: De todos los niños, ella tiene una enfermedad mental muy grave. No me gustaría verla crecer. Será muy difícil cuidarla. Ataca a todo el mundo. Lo planea todo; te tiende una trampa. Te araña la cara. Consigue exactamente lo que quiere. Es muy brillante y puede realizar tareas repetitivas, pero no progresa en función de su nivel cognitivo. Mueve la cabeza y gime, y permite que sus madres la carguen y la amen. Está encerrada en sí misma, le quita horquillas y gafas a la gente, no tiene límites. Sigue instrucciones sencillas. La música la calma. Necesita un tratamiento dental, pero para mantenerla lo suficientemente tranquila como para poder trabajar y evitar el riesgo de que se rasguñe o se pegue al dentista sería necesaria anestesia general. Nadie aquí va a hacer eso.

Acerca del autor y la corporación Chi Rho

Hudson Staffield es natural de California y actualmente vive en Scottsdale (Arizona). Es promotor e inversionista inmobiliario comercial semijubilado. Él y su esposa disfrutan pasando tiempo con sus tres hijas adultas y sus cinco nietos.

La Casa Vida Nueva cuenta con el apoyo de Chi Rho Corporation, una organización sin ánimo de lucro constituida según el código fiscal 501(c)(3) en Saratoga (California) y Constanza, Rumania, y con el respaldo de las iglesias locales de los fundadores: Saratoga Federated Church, en California, y Scottsdale Bible Church, en Scottsdale, Arizona. La Iglesia Bautista de la Santísima Trinidad, en Constanza, Rumania, es nuestro socio ministerial local. También hemos recibido apoyo del Mando Europeo de la OTAN, Samaritan's Purse y de numerosos amigos y familiares de los miembros de la junta directiva de Chi Rho. Somos totalmente eficientes, por lo que todo el apoyo que recibimos se destina directamente al cuidado de nuestros niños.

Para obtener más información sobre Chi Rho Corporation, visite https://chirho-corp.org/.